一书一票

藏书手记

杨迋平 著

中国文史出版社

目　录

时代与改革

社会与进步

人生与思考

一书一票

时代与改革

拿起放不下

肖钢《中国资本市场变革》

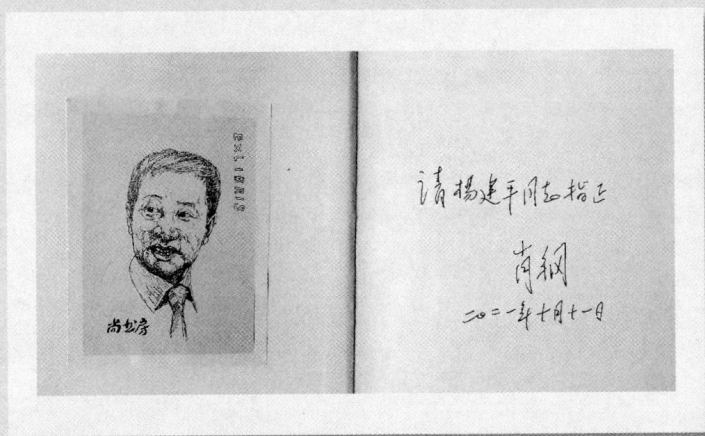

马克思在《资本论》中说："资本来到世间，从头到脚每一个毛孔都滴着血和肮脏的东西。"

但经济社会的发展，又离不开资本的推动。

如何正确认识资本？怎样科学用好资本？

国家证监会原主席肖钢在其著作《中国资本市场变革》中说："资本市场是一个资金场、信息场、名利场，但归根结底是一个法治市场，必须以规则为基础。打造规范、透明、开放、有活力、有韧性的资本市场，关键是加快推进资本市场基础制度建设。"

《中国资本市场变革》熔政策性、学术性、专业性、实践性于一炉，作者的权威性与文本的通俗性相得益彰，是一本拿起就放不下的好书。

主动发声引导舆论

傅莹《我的对面是你》

2008 年北京奥运火炬传递到英国时，遭到骚扰，作为驻英国大使的傅莹挺身而出，做出有礼有节的斗争，面向世界，展现其独具魅力的外交风范和沟通技巧，让公众听得懂、记得住，入耳入脑，让闹事者自觉理亏，无言以对。

全世界的舆论风向为之一转。全世界的网民为之惊艳。此后，她的各类文章和答记者问，我都必看。面对重大严肃的外交问题，她总能找到切入口，入情入理地侃侃而谈，使人不知不觉接受她的观点，至少是尊重她的观点。她淡定而文雅的风度、举重若轻的表述，常使刁钻的记者无奈她何。

《我的对面是你》是傅莹担任全国人大新闻发言人的全面总结。书中详细解构了对重大关切问题的准备和应对，核心立场观点如何讲述回答才能达到最佳效果。结合自身体会，书中描述了新闻发布会背后的故事，使人们知道"新闻发言人"是怎样"炼成"的。

书中第三部分特别讲述了她在国际论坛、国外记者会的经历和体会，尤其对 2008 年北京奥运火炬伦敦传递事件做了系统回顾。

书中很多照片，都是傅莹在重大记者招待会和国际外交活动现场的精彩画面，展现大国外交的风度、气场，有图有真相，使人身临其境。

互联网加全球化，使世界变得联系紧密，网络舆论的聚集性、发散性、冲击力，可以说是前所未有。

蚂蚁面前也有一个麦克风。当真理还在穿鞋时，谣言已经跑遍千家万户。网络舆论的杀伤力，常常使人猝不及防。

面对世界如何主动发声，讲好中国故事，如何与国外媒体打交道，引导舆论，如何在世界塑造中国良好形象，傅莹是榜样，这本书堪称教材。

打开眼界的金钥匙

傅莹《看世界》

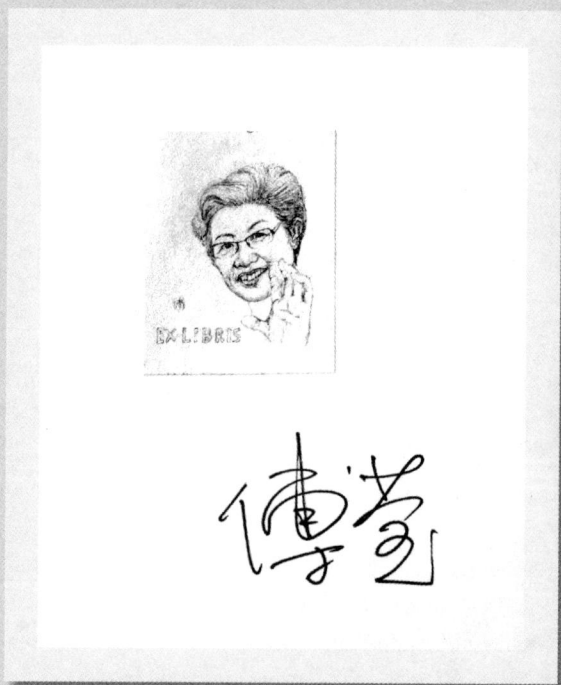

中国已经走上世界舞台，而且越来越走向世界舞台中央。中国倡导的"构建人类命运共同体"的新理念、新视角、新内涵，已逐步获得国际共识。

如何看清世界大格局、大趋势？如何在世界大格局中认清自己、认准方向？如何在顺应潮流中发展自己？

傅莹的《看世界》《看世界2》，既是望远镜，也是显微镜。她围绕人们普遍关切的国际重大问题，结合自己的外交工作实际经验，娓娓道来。由于是由她的各类文章、答记者问、演讲稿结集而成，话题的切近性、文章的针对性都很强，并且文风朴实，语态平和，文字考究，给人以很强的感染力。

《看世界2》中，傅莹围绕"世界格局的变化""全球化与中国角色""国际关系""新冠肺炎疫情与国际形势""亚洲和平问题""人工智能""国际传播""智库建设"等重大问题展开论述，真知灼见表达得深入浅出，复杂问题剖析得鞭辟入里。

正如傅莹在序言中所说："看世界变化，最关键的是看国际格局之变；看世界变化，需要关注全球化之变；看世界变化，不能忽视技术之变。"

也许这三点，就是傅莹在书中教给我们看世界的"金钥匙"！

风度与智慧

李肇星《说不尽的外交》

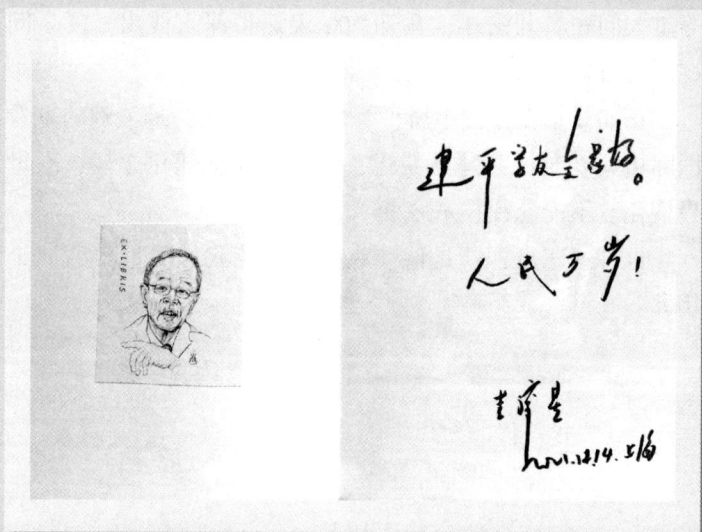

李肇星担任外交部部长不久，我曾听过他小范围的外交报告。

国际大事，重大外交，他就像唠嗑一样，轻松幽默，如数家珍。惊心动魄的外交斗争，说得云淡风轻，大有"羽扇纶巾"的味道。一团乱麻似的中东问题，他能用简洁的语言抽丝剥茧，捋顺理清。各打各牌的朝核六方会谈，他能拨云见雾，把矛盾的焦点、利益的核心、手中的底牌，分析透彻。

当时我觉得这个外长，普通话不好，但口才极好；其貌不扬，但才高八斗！

后来，读到他的著作《从未名到未名》，其中"说心里的话""读喜欢的书""论身边的事""走自己的路"四个部分，都是杂感随笔，行文朴实无华，有一种繁华落尽的真纯，是一种会当凌绝顶的质朴。从中我才知道他也是"诗人外交家"，诗写得很有味道，很有境界。

这次读他的《说不尽的外交》，更是看到一个外交家的独特成长历程，见识了一段波澜壮阔的外交风云。中美关系、中俄关系、中英关系、中法关系，大国外交是关键；中日关系、中朝关系、中越关系、中印关系，睦邻友好是前提；穷朋友、好朋友、真朋友，广交朋友是外交基础。

这本书有许多外交内幕，也有许多有趣故事，更有外交智慧和风采。当然，作者的外交风度和人格魅力也"潜伏其中"。

叹息肠内热

林炎志《没有个人功利的
追求》

请杨建平同志指正

林炎志

林炎志的《没有个人功利的追求》一书，是2000年出版的。那时他还身居高位，但他在书中对重大政治、文化、教育问题的研究、思考，远远超出一般的专家学者。

当时阅读，我觉得很解渴。书中《关于时代问题的新思考》《关于苏东剧变十年来的一些反思》《五四运动与改革开放》《纪念毛主席》《生产力要素与矩阵结构》《政经异构阶级谱系和社会差异》等文章，都是对重大时代问题的独立的深入思考，其中体现出作者马克思主义的理论素养和直面问题的求真精神。

如今再次翻阅，我仍感叹于其中的赤诚之心、探索精神和理论勇气。

对社会主义市场经济，他在书中说："社会主义制度是二十世纪的新生事物，是最有发展潜力的新生力量。我们必须在本质上保持我们独特的性质，只有保持我们的性质，并在此基础上学习资本主义先进的东西，才能超越资本主义。单靠学习资本主义，用资本主义的东西追赶资本主义，是永远也超过不了它的。"

在《纪念毛主席》一文中，他说："毛泽东思想使马克思主义从外来文化思想融入了中国文化思想之中，渗透在中国社会里。毛主席使中国文化思想水平通过这次巨大成功的开放，吸收了人类世界最先进最科学的思想成果，又重新站到了世界思想发展史的前沿。"

我喜欢他的独到见解和独特表述，更尊崇他"叹息肠内热"的政治责任感。

书中有句名言："没有个人功利目的地追求知识是最可贵的。"

诚哉斯言！

强国必有根基

卢纯《强国重企》

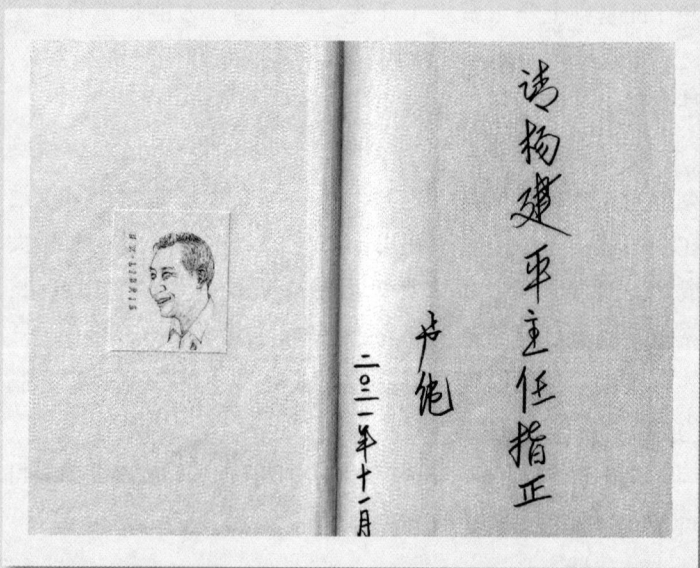

长江三峡大坝，是世界瞩目的重大水利工程。三峡集团是国之重器，其运营管理效率代表着国有大型企业的管理水平，同时也关乎国家水利能源的安全。身处三峡集团董事长这个位置，责任重大，考验多多。

卢纯董事长把自己在企业管理、企业改革中的所思、所想、所学、所为，进行系统总结，撰写了《强国重企》一书。

这本书不同于一般学者的理论著述，也不同于一般企业家的经验之谈，它是一个企业家用全球的视野、历史的思维、国家的高度、人文的视角观察企业、研究企业、管理企业的理论思考和实践总结。

全书贯穿着国有企业管理者强烈的责任担当精神，全书响彻着为国家"打造世界一流企业"的深情呼唤，全书始终突出一个主题：强国须重企，重企必强国。

书中对"世界一流企业的中国需要、机遇和优势"给予浓墨重彩的论述，有许多真知灼见和精彩表达。对"重企强国的中国探索"梳理总结，务实客观，有战略高度和前瞻思维。尤其难能可贵的是，作者梳理了"中国企业的短板""中国企业的挑战""中国企业的机遇"后，提出"建设世界一流企业工程"的策略，并列出六点切实可行的路径方法。

书中还对美国通用、芬兰诺基亚、日本索尼三家世界一流企业的兴衰做案例分析，进行借鉴，提醒人们高度关注风险管控和战略引领。

作者在书中说："企业不仅是一叠黑白的财务报表，更是一幅色彩斑斓、声色并茂、生动鲜活、可歌可泣的人类文明长卷；企业不仅是格式化的公司章程，更是一部残酷的压迫史、激昂的斗争史、炽热的创业史、勇毅的创新史、曲折的奋斗史；企业不仅是冰冷的机器、厂房，更是有血有肉、有灵有魂、有生有长、有存有灭的生命组织；企业不仅是千篇一律的摩天大楼，更是一张张或张扬桀骜、或克制谦逊、或自由奔放、或严苛精细的鲜活面孔，呈现出既千姿百态又始终如一的精神特质。"

这种充满人文精神的优美文字，使宏大主题的经济论著读起来犹如散文诗般享受！

变革自己，走向世界

钟山《国有外经贸企业制度创新》

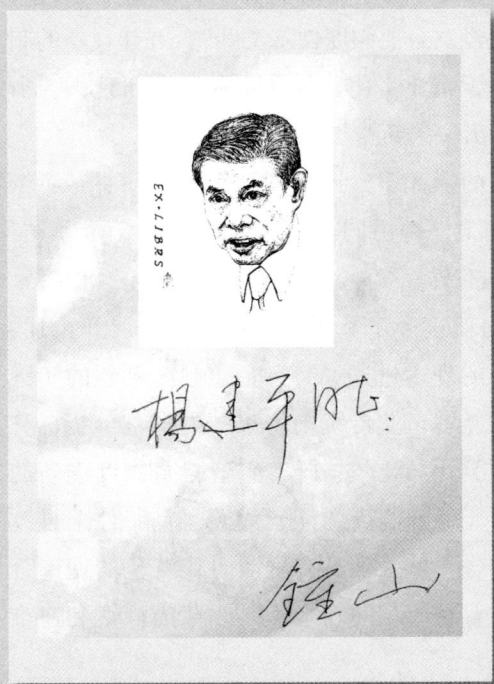

《国有外经贸企业制度创新》是出版于 1996 年的一本旧书，是对当时国有外经贸企业改革探索的实践总结和理论思考。

　　浙江中大集团是中国第一家外经贸股份制试点企业。1992 年，由浙江省服装进出口公司联合中国纺织品进出口总公司、中国银行杭州信托投资公司、交通银行杭州分行，发起成立"浙江中大集团股份有限公司"，拉开了我国外经贸企业的改革序幕。

　　这家新诞生的股份制外经贸企业的当家人，就是后来成为国家商务部部长的钟山。在探索改革的试点中，不断理清"国有外经贸企业传统制度与市场经济运行的内在矛盾"，准确把握"国有外经贸企业制度创新的基本方向"，坚定推进"国有外经贸企业制度创新实践"，在建设新的制度的同时，又着力于企业文化建设和企业家队伍建设，浙江中大集团成功走出一条新路子。

　　作为改革试点的操盘手，钟山同志深知其间甘苦、个中门道，在此基础上，钟山同志又结合自己的学习总结，1996 年出版了《国有外经贸企业制度创新》一书。作者紧紧扭住企业制度创新这个牛鼻子，谋篇布局，展开论述，既有企业制度创新的理论概述，又有企业制度创新的实践选择；既有国有外经贸企业传统制度弊端的深刻分析，又有制度创新的形式类比与比较；既有企业自身制度创新的不断深化，又有企业外部制度的配套完善。是一部来自改革第一线的精彩报告，是一部具有鲜明时代特色的理论著述，字里行间贯穿着对改革的呼唤、对改革的探索和迎难而上的进取精神。

如今过去二十余年，作者钟山同志也已从商务部部长转岗到全国政协工作。但旧书重读，其中的理论思考、改革勇气，仍令人肃然起敬！

EX·LIBRIS

党史的新解读

金一南《苦难辉煌》

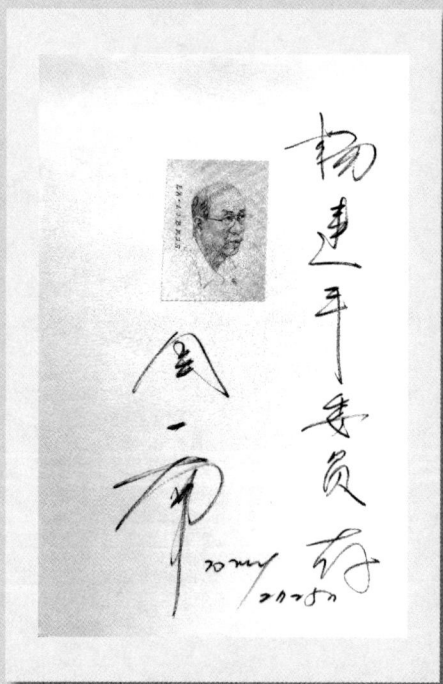

作为中国共产党党员，我对党史的学习兴趣极高。各类专家著作、个人回忆、文艺作品，我都广泛学习浏览，窃以为"见多识广"，但金一南的《苦难辉煌》还是让我大吃一惊：党史还有这种写法？

他这本书我读得很认真，每读一次我都用不同颜色的铅笔、钢笔勾画重点、亮点、疑点。

他把中共党史的艰苦卓绝写得荡气回肠；他把中共党史中的重大事件、重要人物写得鲜活生动；他把中国共产党走向辉煌的必然性写得逻辑贯通而又细节丰满；他把中国共产党人的理想光芒、奋斗精神、崇高气质写得感人肺腑。

书中那充沛的激情、飞扬的文采、开阔的视野、跳跃的节奏，让人读之心潮澎湃、热血沸腾。

相比于过往的党史著作，也许这部书不符合学术规范，但它无疑是新颖而独特的，也是引人深思的。正如作者在序言中所说："不是要你到历史中去采撷耀眼的花朵，应该去获取熔岩一般运行奔腾的地火。"

这本书给人的不是学术知识，而是"熔岩一般运行奔腾的地火"，是与苍穹比阔的精神。

财团的谜团

金立群《摩根财团》

少年读书，看到"华尔街"这几个字，简直深恶痛绝，那是万恶的资本主义的代名词。

随着我国改革开放深入发展、经济全球化，我们走出国门，才开始认识世界经济的本来面貌，才知道"资本主义的好处也可以拿来为我用"，"华尔街"也有"可学、可用、可借鉴"的东西。

曾记得第一次到华尔街，我看着摩天大楼，手扶那头铜牛雕像，感慨万千：经济发展，民族复兴，我们不能不学习现代金融，我们不能不学习用好资本。

如果说"华尔街"是资本主义代名词，那么"摩根财团"就是美国金融资本的象征。

摩根财团的前身 J. P. 摩根公司早在 1911 年就进入中国开展金融业务，担任湖广铁路债券发行主承销商；20 世纪 90 年代，J. P. 摩根早年分出去的一脉——摩根士丹利，又和我国组建中外合资的"中金公司"。摩根财团也算是与中国有历史渊源的金融财团。

学习了解现代金融尤其是美国金融资本，不妨从了解摩根财团开始。

介绍摩根财团最权威、最生动的著作，是美国作家协会主席罗恩·彻诺的《摩根财团》。而这本书的经典翻译则是现任亚投行行长金立群先生翻译的《摩根财团——美国一代银行王朝和现代金融业的崛起》。

我在金先生办公室索要签名书时，金先生翻着书说："我在这本书的翻译上，用了两年多时间，三译三校，花费心血很多，书中许多细节、词语的斟酌、修改、校订，如今还历历在目。从 1996 年出版到现在，已经几次再版，每次阅读我自己都有新感悟。"《摩根财团》一书可以满足众多读者的阅读需求，政府监管部门可以研究如何加强对实业和金融界的管理而不扼杀其活力，企业家则可以学习如何把握市场的脉搏和趋势，从而在竞争中稳操胜券，外交家也许会从中看到国际经济合作、竞争、博弈的风云际会。

《摩根财团》是一部大部头著作，作者用全景式描写，给我们呈现了一部恢宏而壮美的华尔街历史剧。书中追溯了 J. P. 摩根帝国从维多利亚时代在伦敦默默创业开始，一直到 1987 年股市崩溃时期的整个历史，描述了华尔街和伦敦金融区一百五十年的兴衰历程，勾画出摩根家族四代人和他们所缔造的神秘的金融帝国。

书中有史、有论、有故事、有人物，文笔生动，史料丰富，引人入胜。尤其是对摩根家族在两次世界大战过程中与当时政要及政府之间的周旋与交易，刻画得生动传神，对许多历史人物、历史事件提出了新认知、新史料。

感谢金先生流畅、精准的翻译，让我们读这样专业的大部头著作时，不觉得晦涩，反而津津有味，感到有益、有趣、有收获。

新经济　新史论

杨德才《中国经济史新论》

敬请建军兄 指正！

杨德才

2022. 3. 15

德才同志是南京大学经济系主任、历史学博士、经济学博士后，也是全国政协经济界委员。在全国政协恰好与我在一个小组，因我们都姓杨，沾他的光，我也紧邻他坐会场、住酒店、上镜头。

《中国经济史新论》"骚动在母腹中"时，我就预约要他签名赠我。2020 年 7 月出版后，市场热销，他手头"书紧"，就迟迟没有兑现"合约"。直到今年全国政协开会，才签名赐我《中国经济史新论》（上中下三册）。

我是第一次读经济史著作，读得粗，一知半解而已，但自我感觉收获颇多。

书中把新中国成立以来，1949 年到 2019 年这七十年经济发展历史做了系统梳理和分阶段、分类型研究，既有事实、数据、文献、图表的扎实丰富，又有分析、思考、研判、总结的深入透彻，"史"的精准、"论"的精明与"识"的高明兼而有之。

书中对新中国经济发展的初始条件、艰难探索、曲折发展、高速增长、持续演进，做了细致严谨的分析描述；对新中国经济发展的惊人业绩，做出充分而恰当的评价；对新中国经济发展的动力源泉进行了深刻总结。

新中国七十年经济发展，不仅是人类经济增长史上最伟大的奇迹之一，更是出乎绝大多数经济学家预料的历史事件。

研究解释清楚"中国奇迹"，是世界经济界共同关注的话题，也是讲好中国故事的重大题材。

德才同志这本《中国经济史新论》，为我们提供了"一部共演的生动故事"：历史与现实的共演、政府与市场的共演、中央与地方的共演、国内与国际的共演。多层次、多因素、多主体共演的生动故事，创造出一幅经济增长、社会进步、国富民强的绚丽画卷。

事非经过不知难

杨伟民（等）《新中国发展
规划 70 年》

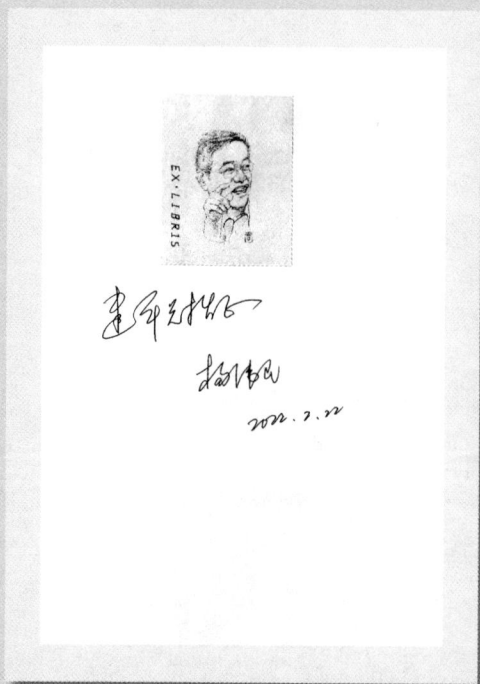

常言道：吃不穷，穿不穷，计划不到一世穷。

一个国家的发展规划是否科学合理、切实可行，对整个国家的社会发展至关重要。

《新中国发展规划 70 年》是由杨伟民等权威人士编著的权威著作。

本书史论结合，纵横交错，从"一五"规划到"十三五"规划，如实描绘了新中国 70 年的光辉发展历程，清晰勾勒出新中国经济社会发展的主线和脉络，深刻总结了我国规划理论、规划体系、规划方法、规划评估等方面的艰辛探索和丰硕成果。尤其是对新中国 70 年发展规划的历史作用、历史演变、历史经验的总结，弥足珍贵，对未来编制好、实施好发展规划，具有重大意义。

作者是亲自操刀规划编制的专家，既有丰富的实践经验，又有深厚的理论功底，作为躬行其间的"过来人"反思总结形成的著述，读起来那种扎实和厚重，让人叹服！

建成体系，才可持续

王一鸣《建设现代化经济
体系论纲》

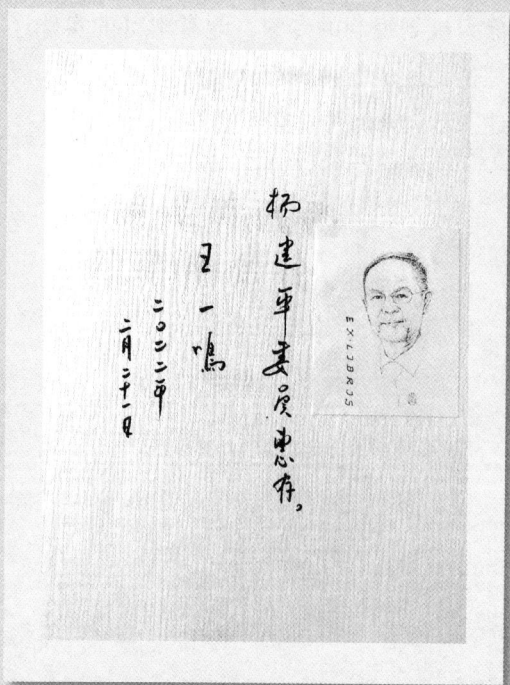

王一鸣和我在全国政协经济界是一个小组，我常常耳闻目睹他的"一鸣惊人"。

他在国家发改委当过秘书长，又在国务院发展研究中心担任副主任，是宏观经济研究的一把好手。

本来就是牛人，还偏偏有那么一股牛劲，凡事都认真钻研，打破砂锅。

在政协的大会发言、专题协商、领导座谈时，一鸣同志那"一鸣"，都是"男高音"，透着一个"亮"！

他送我的几本专著，我看得仔细的是《建设现代化经济体系论纲》。

这本书虽不如他的其他著作体现其学术个性，但这是重大选题中的重中之重。因为经济体系现代化是国家现代化的基石，只有加快建设现代化的经济体系，才能确保我国经济从高速度发展转型为高质量发展，才能更好地适应世界现代化的发展潮流，在日趋激烈的国际竞争中赢得主动，才能为我国其他领域的现代化提供支撑，共同构筑社会主义现代化的强国大厦。

这本书用十一个章节，全面阐述了经济体系现代化建设的理论逻辑和实践要求、战略选择和重要途径，从产业体系、市场体系、收入分配体系、城乡区域发展、绿色发展、全面开放等方面，论述了现代化的经济体系的总体框架。

此类专著，也许读起来不那么有趣，但确实是"有用"，是一道硬菜！

EX·LIBRIS

大人物的小实事

胡晓炼《跨境贸易人民币
结算试点政策与实务》

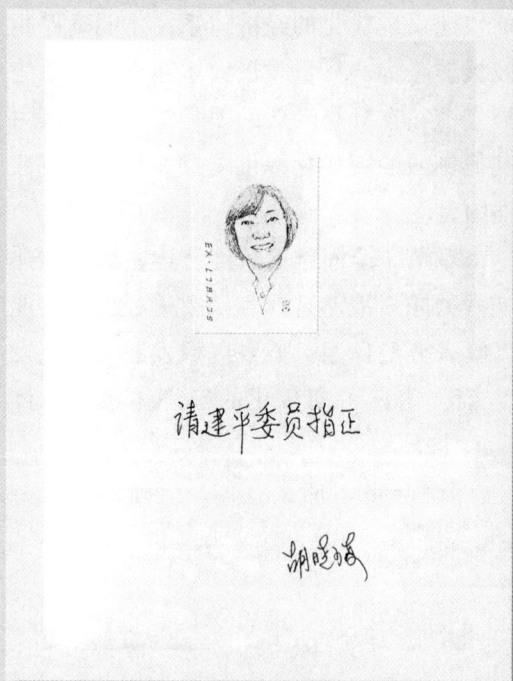

EX·LIBRIS

请建平委员指正

胡晓炼

曾记得，90年代初出国门到欧洲，人家根本不认识人民币，只有美元可以购买东西。

　　现在到世界各地，许多商家赫然打出"可用人民币结算""可用银联卡"的提示，大的商场还专门配有会讲汉语的服务员。

　　此情此景，还只是普通百姓的感受。企业的跨境贸易人民币结算，可能影响更大，已经有越来越多的国家、商家，接受人民币结算。

　　从周边国家的边境贸易开始，到"稳步推进人民币资本项目可兑换"，从"若干经济体的货币当局与我们签署双边本币互换协议"，到跨境贸易人民币结算试点，人民币的使用范围和规模不断扩大。

　　人民币跨境使用、人民币国际化，是我国对外开放后综合国力的体现，也是当前构建多元化国际货币体系、防范系统性金融风险的国际共识。

　　胡晓炼是金融专家，又长期在人民银行、进出口银行担任领导，她主编的《跨境贸易人民币结算试点政策与实务》，详细介绍了跨境贸易人民币结算试点及相关业务的政策要点、试点内容、操作流程等。有志于研究的读者，可以了解理论框架、历史进程、经验总结；身处国际贸易一线的读者，可以从中学到跨境贸易人民币结算的实际操作技能。

　　我认为这是一本接地气的著作，也是大专家干的一件"大实事"。

观大势，议大事

郑永年《大趋势：中国下一步》

郑永年多年潜心研究中国发展问题，著述颇多，影响极大，国内外学者、读者都很关注他的观点。

中国经过四十年改革开放、飞速发展之后，如何走好下一步？郑永年的新作《大趋势：中国下一步》，站在国家与发展的高度，从政治改革、经济建设、社会重建、国际关系四个方面展开全面研究，提供了自己的独家观察、独立观点。

郑先生总是把中国问题放到全球背景下去观察思考，既能用世界眼光来判断其走势，又能从本土实践寻找中国改革的自身逻辑。许多看起来纷繁复杂的社会现象，郑先生总能登高望远，找出来龙去脉，指出大势所趋。

在这本书中，郑先生重点分析了"中国的改革已经做了什么？""改革的现状如何？""面临什么新问题和新风险？""未来的改革作何选择？"四大问题。

书中有许多精彩章节：

《世界范围内的权力危机》一节，对"庸人政治"导致的"公投后悔"、"社会运动型政治人物"崛起导致的"民粹主义"、体制转型失去方向出现的僵局等的观察分析和表述，很有新意。

《制度建设：新时代的清醒判断》一节，对中国共产党十九大"新时代、新判断、新使命"的解读评述很有历史纵深感。

《中国共产党是使命型政党》《当代中共的"现代性"》两个章节，对中国共产党这个特殊的执政党进行了深入的研究和深刻的评述，是我国传统学者和西方学者都未曾有过的高度、深度。

在《"一带一路"与国际经济规则的"书写"》一节，

作者指出："一带一路"的目标是发展，并非书写规则，是通过发展来书写规则，而不是通过书写规则来实现发展。其规则是中国在和所有这些国家互动过程中形成（书写）的，……这种参与式书写的规则更能体现公正公平。

书的最后一部分《政治与科学：疫情下世界的不确定性》，是一个全新的世界性话题，作者从"疫情与全球政治危机""中西抗疫话语权之争的谬误""疫情之后的有限全球化"等问题入手，为我们揭开许多争端和谜团背后的逻辑。

"国际体系摇摇欲坠，中国接下来怎么办？"

作者自问自答，写了六条建议作为本书的结尾：

一、做好制度建设；

二、破除"唯 GDP 主义"；

三、做大中产阶层；

四、辅助好中小型企业；

五、重视社会改革；

六、避免陷入"明朝陷阱"。

实话，实招

黄奇帆《结构性改革》

结构性改革

中国经济的问题与对策

黄奇帆 著

EX·LJBRLS

杨建平仉惠存

2021.7.21.

中信出版集团｜北京

"纸上得来终觉浅，绝知此事要躬行。"

把经济理论研究和经济工作实践紧密结合，干出名堂，悟出道道，且相得益彰的高级干部，黄奇帆首屈一指。

他在上海、重庆经济工作中的改革、探索卓有成效，广受好评。

如今他退出领导岗位后，潜心总结自己的理论思考和实践经验，与大家分享，受到网络热捧。

他新近出版的《结构性改革》，围绕当前国民经济面临的重大难题，提出自己的思考和对策。

黄奇帆的书总是从现实迫切问题入手，从改革开放大局出发，立足全局，抓住要害，提出对策。不在概念上、名词上绕圈子，不在理论上玩高深，从实际出发，用数据说话，以解决问题为原则。

书中涉及"深入推进供给侧改革""去杠杆与金融风险防范""资本市场高质量发展""数字化重塑经济社会生态""房地产长效机制建设""国有企业资本运作""地方政府营商环境改善""全面开放的新格局、新特征"等重大问题。作者在分析"怎么看"的同时，还针对性地提出"怎么干"。

作者结合自己的工作实践和社会上的实际案例，对"土地要素市场化改革"提出要把握好五个方面；对"房地产调控"提出"十个失衡"和"五大长效机制"；对"P2P金融"的五大问题进行尖锐批评；通过对"宝能万能险资金收购万科股权"和"阿里小贷"两个案例的分析，对金融创新的风险防范提出约法三章。读完后，既能让人"想清楚"，也能让人"干明白"。

对一些众说纷纭的经济现象和争论不休的经济问题，

书中通俗易懂地把"被一些学者说糊涂的理论问题"讲透了。

有人说，这是一本聪明人写给我们这些不太聪明的人读的好书。

我以为，对于从事经济实际工作的同志，这是一本"好读""易懂""管用"的好书。

EX·LIBRLS

回望三十年

林毅夫（等）《中国的奇迹》

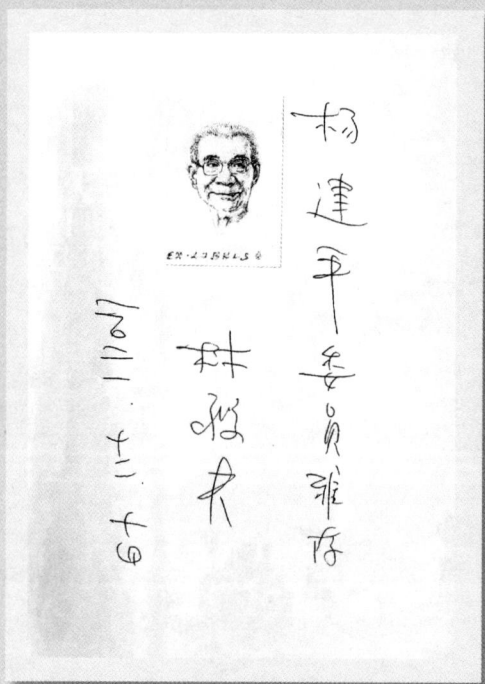

林毅夫，在经济学家中是一个传奇人物。当年他抱着一个篮球从台湾金门横渡海峡到大陆的故事（后来他本人辟谣说没有抱篮球）家喻户晓。当时年少，我很是崇拜这样的英雄。

　　后来，他在经济学上的建树又一次刷新人们的认知，他的世界眼光，他的中国信心，他的新结构经济学，他的"有效市场与有为政府相结合"的观点，伴随着我们一代人走过改革开放历程。读他的书，看他在媒体上发表的"高论"，"望之俨然"。

　　全国第十三届政协会议，我们都在经济界，才算是见到"真人"。他温文尔雅，不苟言笑，不论是会议发言讨论，还是私下交谈，都字斟句酌，"不打诳语"。

　　我说，我有他的著作《中国的奇迹》，想请他签名以作收藏。他抬一下眉，说："哦，您也喜欢这本书？不用拿给我了，我手头有新出版的增订版本，签完字，寄给您吧。"我开玩笑说："您这搭上书，又搭上签名，还搭上邮寄费，可就亏大发了。"他听完，害羞似的笑了笑。

　　他和蔡昉、李周所著的《中国的奇迹》，是1994年出版的"旧书"。作者介绍，世界银行从90年代起，每四年对东亚经济进行一次主题研讨会，1993年的报告是《东亚奇迹：经济增长与公共政策》，但却"忽略"了中国这个人口大国连续十五年增长9.7%的经济奇迹。他们感愤于此，撰写了《中国的奇迹》，分析探索中国转型期经济高速增长背后的道理，预测这个增长速度是否有可能持续，如何深化改革才可以将之持续保持下去。

　　一个人口这么多、底子这么薄的国家维持了这么长时间的快速增长、取得这么多成绩，毫无疑问是人类经济史上不曾有过的奇迹，但是在中国的转型过程中，"中国崩溃论"和"唱衰中国"的论调在海外却此起彼伏、不绝于耳。

这是为什么？

作者认为这种认知的反差，就是因为中国的改革开放没有照搬西方主流理论所倡导的"休克疗法"，而是根据中国社会的承受力和可动用资源，以双轨渐进式的方式来推进，随着条件的成熟，不断深化改革，初步建立起完善的社会主义市场经济体系。

书中分析了"为什么在改革以前中国经济发展缓慢，而改革之后得到迅速发展"，梳理了改革的历程、改革的成就、改革与发展中的问题和难点、经济改革与持续发展的内外部环境，总结提炼出了"中国改革道路的普遍意义"。

作者在书中还放眼全球，比较了激进转型的苏联、东欧国家的经济发展与渐进转型的中国、越南、柬埔寨、老挝的经济发展的实际结果，分析了两种不同转型路径及其绩效差异的原因。

书的最后，作者预言："只要沿着正确的方向坚持改革，就能克服前进过程中的困难，逾越各种障碍；而不断获得成功的改革又将有力地支持持续、快速、健康的经济增长。一旦有了这个保障，下一个世纪初中国超过美国和日本，成为世界上最大的经济体，进而创造中华民族由衰至盛的人间奇迹，就不是天方夜谭。"

如今回看这本 1994 年出版的书，不能不佩服作者的预见。

怎样强起来？

韩庆祥《强国逻辑》

中共中央宣传部2019年主题出版重点出版物

强国
逻辑

走向强国之路

韩庆祥

2022. 2. 19

红旗出版社

改革开放几十年的高速发展，使中国人民从"站起来"到"富起来"，并走向"强起来"。

随着改革开放的逐步深入，中国特色社会主义事业会不断完善并取得历史性进步，最终实现中国社会主义现代化、实现中华民族伟大复兴的中国梦，使我国由"大国"成为"强国"。

如何实现强国梦想？

研究中国由大国成为强国的强国逻辑，是历史发展之需，是时代发展之需，是世界发展之需。

韩庆祥教授的《强国逻辑》，选取中国与世界两个角度，重点分析阐释新时代大国成为强国的"强国逻辑"及其重大意义。

书中从新时代的历史方位"强国时代"开始，分"强国的总体逻辑""强国的具体逻辑""强国的实现逻辑""强国的路径逻辑""强国的政治逻辑"，进行详细论述，还结合党的十八大以来的政治理论和实践，就"强国理论""强国智慧"作出深刻阐释。

一个国家、一个民族要振兴，必须在历史前进的逻辑中前进、在时代发展的潮流中发展。

建设伟大的社会主义现代化强国，必须理解和把握世界大历史、中国大历史，特别要理解和把握近代以来中国社会发展的历史逻辑、中国共产党壮大发展的历史逻辑、新中国砥砺奋进的历史逻辑、我国改革开放深入推进的历史逻辑、中国特色社会主义进入新时代的历史逻辑。

这本书把政治高度、学术深度和大众阅读紧密结合，使大主题、深挖掘表述得通俗易懂，足见作者的学术功底和文字功夫。

战略引领　科学兴国

王春法《科技全球化与中国科技发展的战略选择》

EX·LIBRIS

春法与我曾有短暂的同学之谊，只是他学问高深，著述丰富，我都不敢与他"称兄道弟"，恐怕辱没斯文。他倒是厚道，每有著作都赠送一本，引领我学习，帮我拓宽眼界。

　　这本《科技全球化与中国科技发展的战略选择》是春法 2008 年撰写出版的，在当时算是领先的重大课题，列入中国社会科学院文库。

　　这本书对科技全球化兴起的背景、相关的研究共识以及争论的核心问题，进行了详尽分析，并总结提出科技全球化的三种基本形式：一是研究开发全球化；二是企业间的策略性技术联盟；三是区域甚至国家层次上的科学技术合作。

　　作者在书中特别提出，中国这样的发展中国家，面临的问题是知识产权问题、内生技术能力培育问题、科技人才资源的全球流动问题，并预言："这三个问题所引发的矛盾将越来越尖锐。"

　　对于科技全球化与全球科技治理之间的关系，作者说，科技全球化对全球科技治理提出了新的、更迫切的要求，现行的国际科技秩序框架显然不能解决这个问题。因而，需要真正从治理的角度，对国家科技秩序进行根本性改革。

　　关于自主创新，作者提出："创新能力不仅仅是一种技术能力，更主要的是一种制度能力，是一种以我为主、综合集成的能力。"

　　面对如今美国的芯片卡脖子、科技封锁，再读春法这本书，不由得感慨他的早知早觉，站得高，看得远。

治国理政的基石

高培勇《财税体制改革与
国家治理现代化》

EX·LJBRLS

EX·LJBRLS

二〇二一年12月6日.

财税体制是现代国家治理的基石，每一次财税体制改革，都是牵涉国家全局的大事情。

高培勇先生是中国社会科学院副院长、财经专家，我曾经看过他不少文章，也听过他的发言，专业、深刻中总透出些许"犀利"。

他的专著《财税体制改革与国家治理现代化》，是站在国家治理的总体角度，全面而系统地分析新一轮财税体制改革的基本目标、基本内容和行动路线。站位有高度，研究有深度，表达也简洁明快。

作者在书中将新一轮财税体制改革和1994年的财税体制改革相联系，在比较分析中揭示新一轮财税体制改革的新特点、新变化、新举措，并以国家治理现代化应该有一个什么样的财政制度形态相匹配为立足点，从理论到实践，从历史到现实，勾画现代财政的基本特征，进而提出财政收支体制改革、财政预算体制改革、财政管理体制改革的思路方针。

读完这本书，我才理解这次财税体制改革的全新定位，才明白这次财税体制改革"全面、深化"四个字的深刻内涵，也对分税制的"分事、分权、分管"的构想、实施及其意义有了具体明晰的了解。

有趣的是，这本书的体例提纲挈领，要言不烦，且每一章节后面还附有"延伸阅读"，让人可以更通俗、更全面地理解把握本章内容。似我这样的非专业人士也可以轻松阅读。

酣畅淋漓的企业成长史

吴晓波《激荡三十年》

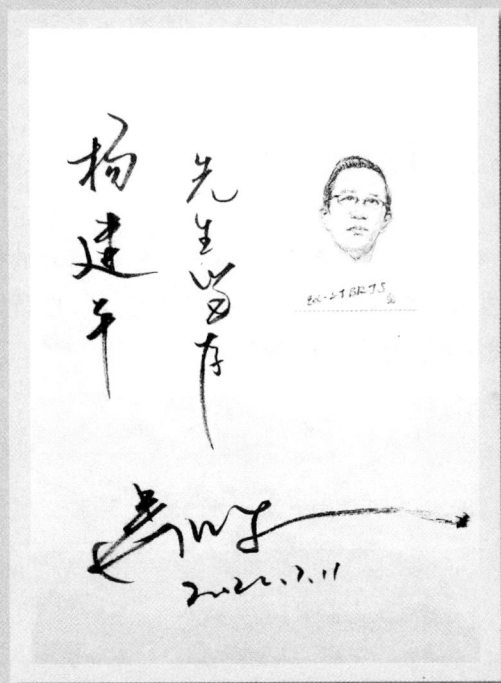

吴晓波在做记者时，我喜欢看他采写的财经新闻，敏锐而新颖；吴晓波在做专栏作家时，我喜欢看他的专栏文章，独到而犀利；吴晓波开始写书时，我喜欢购买阅读他的著作，激情荡漾，文字酣畅。

吴晓波的《激荡三十年》，是我喜欢并经常翻阅的书之一。我看了若干遍，还买了送给朋友看。

这是一本精彩描写改革开放三十年中国企业变迁史的书，这是一本形象刻画改革开放三十年企业家成长史的书，这也是一部波澜壮阔的中国经济改革开放史。书中有许多精彩的故事、动人的情节、丰富的画面；书中有许多深刻的思想、新颖的观点、独家的观察；书中有许多鲜活的人物形象、珍贵的历史细节、真确的经济数据。

为当代企业作史立传，吴晓波是第一人，这本书就是中国当代企业发展的"清明上河图"，这本书也是当代企业家成长的"黄河大合唱"。书中那种五彩斑斓、五光十色，让人读之惊喜；书中那种跌宕起伏、生猛精进，让人读之振奋。

作为过来人，对1978年到2008年这三十年改革开放的社会生活飞速发展，我感叹不已，赞叹不已。每次读《激荡三十年》，我的心情都会"激荡不已"。

财经外交新风度

朱光耀《中国对外财经合作
发展脉络》

中国对外财经合作
发展脉络

朱光耀 著

敬请杨建平同志指正

朱光耀

二一年 11月26日

经济科学出版社

朱光耀是经济学家，在担任财政部副部长之前，长期担任财政部国际司司长和驻世界银行中国执行董事，是新时期中国财经外交的参与者、亲历者，他的《中国对外财经合作发展脉络》一书，是一本专门论述新时期财经外交的著作。

这本书真实记录了新时期我国财经外交的热点问题和重大事件。既有理论思考的系统性、深刻性，又有实践探索的针对性、灵活性。

书中对我国新时期财经外交的环境、现状、原则、策略进行了全面梳理，对全球化背景下，我国面临的机遇和挑战、我国财经外交的重要性和着力点做出了精确表述。

我特别喜欢看书中朱光耀与国际人士就热点话题的公开对话，有观点、有故事、有情趣，有高度、有温度、有风度，彰显大国自信，充满外交智慧。

本书还有一个特点，就是用中英文的形式记录了作者在中央电视台英语频道同国际知名人士的精彩对话，还附有英语对话节目的实录光盘。既可以细细欣赏文字的精准，也可以观赏视频的鲜活。

新倍增　新战略

刘世锦《新倍增战略》

手头这本《新倍增战略》，是"新中国经济增长十年展望"的第九辑，是由经济学家刘世锦先生主编、众多学者参与的课题研究报告。

扩大中等收入群体规模，提高中等收入群体的收入水平和财富水平，是实现共同富裕的主要途径。

这是一本关于扩大中等收入群体的倍增战略研究专著。本书围绕我国中等收入群体的界定标准、现有规模，未来扩大中等收入群体的潜力、路径、难点等问题，进行系统分析研究，从而提出"以提升人力资本为核心"的倍增战略。

这本书提出了一个重要观点："较宏观政策更重要的是结构性潜能。"书中明确提出："中国还有结构性潜能可用，中国还远没有到主要靠宏观刺激政策维持增长的地步。如果说发达经济体是熟透了的苹果，中国这个苹果当下还只是熟了一半。中国应当避免把主要注意力和精力放在宏观刺激政策而忽略结构性潜能。'十四五'乃至更长一段时期要着力发掘与中速增长期相配套的结构性潜能。"

书中对未来结构性潜能，提出一个"1+3+2"的结构性潜能框架。"1"指以都市圈、城市群为龙头；"3"指补上实体经济"基础产业效率不高""中等收入群体规模不大""基础研发能力不强"的三个短板；"2"是指以数字经济和绿色发展为两翼。

前路漫漫，预知未来经济走势，看看这本书，也许会少一点迷茫。

权威讲解　深度总结

郑新立《中国特色社会主义
理论创新与改革经验》

EX·LIBRIS

建平版授正

郑新立

2023.3.23.

郑新立同志长期在中央和国家机关智库从事经济理论和经济政策研究，亲身参与了许多重要改革文件和政策的起草，对我国改革开放的艰难曲折历程和四十多年经济高速发展，有深刻的观察和体会，对新时代的新发展理念、新发展策略，也有独到的调查研究。

这本《中国特色社会主义理论创新与改革经验》，是郑新立同志退出领导岗位后，沉下心来，系统梳理、研究总结我国四十多年改革开放历程的著作。

任何重大社会变革，都要有理论指导，需要用鼓舞人心的理论动员民众，积聚力量，明确目标，指引方向。

作者结合中国改革开放的伟大实践，研究中国特色社会主义理论的形成、发展、创新过程。并从理论和实践的结合上，阐明中国特色社会主义思想既来源于实践，又高于实践，既能解决实际矛盾和问题，又不偏离社会主义方向，既明确近期要干什么、怎么干，又能看到未来方向，已经成为广大党员干部的行动纲领和精神支柱。

这本书站位高。作者站在建党一百年的高度，去梳理总结中国特色社会主义理论的形成、发展、创新，有历史的高度和纵深感。尤其是对改革开放的每一次重大理论突破和实践创新，都写得脉络清晰，有理有据，令人信服。

书中在论述劳动者持股"变无产者为有产者"时指出，贫穷不是社会主义，在工人阶级掌握政权后，经济地位不能总是停留在无产阶级水平上，要变无产者为有产者。书中引用革命先驱蔡和森1921年2月在法国写给陈独秀的信："中产阶级专政是永久的目的；无产阶级专政是暂时必然的手段。"蔡和森这两句话，我过去从未看过，在此书中读到后，颇有醍醐灌顶之感，似乎一下子打通了"任督二脉"。

这本书开掘深。作者从中国改革开放的历史出发，研究总结中国特色社会主义的理论创新和实践经验，既有理论的厚重，又有实践的鲜活，许多重大理论问题的突破，都从当时的背景、问题、矛盾抽丝剥茧，理出头绪，讲清原理。给人以"如今回头看，理解更深刻"的感觉。

这本书有对策。作者在总结经验、提出问题的同时，对许多重大问题都有对策建议。对推进城乡融合发展体制机制和政策体系，书中提出的"城乡居民基本权益平等化是城乡融合发展的核心，城乡公共服务均等化是城乡融合发展的前提，城乡居民收入均衡化是城乡融合发展的目标，城乡要素配置合理化是城乡融合发展的要求"，可谓抓住了"牛鼻子"。

这本书文风朴实。这种重大高深的理论书籍，很容易写成文件的解读或者理论的阐释。但这本书从结构到文风，都是简洁朴实的风格，深入浅出，通俗易懂。

也许因为我也是改革开放四十多年的"过来人"，读这本书，没有感觉到理论的晦涩和空洞说教，反而有许多亲切感。

蝶　变

潘功胜《大行蝶变》

大 行 蝶 变

——中国大型银行复兴之路

潘功胜　著

请批评指正.

潘功胜2011.1

中国金融出版社

金融体制改革是我国经济体制改革的核心组成部分，而大型商业银行的体制改革又是金融体制改革的重中之重。

党的十四届四中全会做出改革决定后，中国建设银行、中国银行、中国工商银行、中国农业银行，经过艰难探索，稳步推进，陆续完成改革改制，并在香港、内地成功上市，各大商业银行的发展活力、国际竞争力得到极大提升，成为中国经济高质量发展的助推器。

《大行蝶变》正是总结、描述、思考大型商业银行改革的专门著作。作者潘功胜同志亲自参与了中国工商银行、中国农业银行的财务重组、股改、上市全过程，这本书集中展现了大型商业银行改制上市的思路形成、争议焦点、方案优选、推进过程，总结思考了改革改制的创新突破和利弊得失，并对未来大型商业银行的改革发展提出警醒和建议。

这本书有扎实的实践性总结，有深刻的理论思考，有严谨的学术表达，更有宽阔的国际视野和前瞻性，是一本研究总结中国金融改革实践的重磅著作。

《大行蝶变》一书曾获得孙冶方金融创新奖著作奖。

小平同志，新年好！

于幼军《邓小平的遗产》

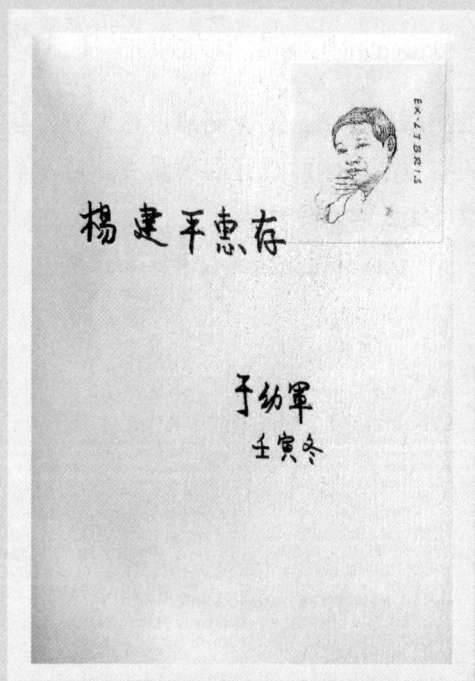

EX·LIBRIS

EX·LIBRIS

杨建平惠存

于幼军

壬寅冬

过年五天，我宅在家里，读完了于幼军的新著《邓小平的遗产》。

于幼军既是高级干部，也是对社会主义学说深有研究的专家。

写邓小平的书很多，我也读了很多，但于幼军的《邓小平的遗产》，在阅读时总会让人忍不住停下来，前后反复看，总能引发人的沉思或者感慨。

本书写作思路开阔，观察视角独特，表述方式生动，作者从社会主义学说的几次飞跃开始梳理，追溯了邓小平思想和实践的源头；从我国改革开放的发展历史，论述邓小平在新时期开辟的发展道路的主要内涵、基本特征；从"社会主义本质论""社会主义初级阶段论""社会主义市场经济论""社会主义动力论"等方面，阐述了邓小平开创的崭新的社会主义学说。

书中特别就"邓小平只有讲话、谈话，而没有大部头理论著作"的质疑提出反驳："什么是理论？非要有大部头的理论专著，才能称之为理论吗？答案当然是否定的。只要能帮助人们认识世界，尤其是改造世界的思想就能称之为理论，真正有价值的理论。古今中外，流传于世、历久不衰的思想理论经典著作，不乏只是一些语录、短论的辑录本。""能否称之为理论以及它是否有价值，是由它能否回答解决现实生活或客观世界的问题所决定，而不是由书籍的厚薄大小和体裁形式所决定。有时候，三言两语胜过鸿篇巨制，这在古今中外都不胜枚举。"

著作等身，不如一字千金，此之谓也。

书中在回望社会主义学说的曲折发展中，阐明邓小平思想理论的创新价值；在回顾中国特色社会主义道路的艰难探索历程中，论述邓小平的政治遗产、思想遗产、未竟事业；在环顾全球社会主义国家的兴衰成败中，彰显邓小平领导的中国特色社会主义道路的巨大成功和全球影响力。

实践是检验真理的唯一标准。中国四十多年的持续高速发展，可以说是中国"数千年未有之变局"的黄金发展期，也是人类经济发展史上的奇迹。中国道路、中国模式的成功，充分证明邓小平理论的价值所在，充分证明中国特色社会主义道路的光明前景。

读完《邓小平的遗产》，我内心有无限感慨，忍不住说一声："小平同志，新年好！"

记得我懵懵懂懂知道邓小平的时候，他是被打倒的对象。所看到的标语、漫画，都是极其丑化的形象。

当我长大真正懂事以后，亲眼看到改变了我们国家和我们个人命运、带给我们全体人民幸福生活的，却是这个早年被我们无知地"打倒"的邓小平。

没有他的恢复高考，我会像许多人一样，扎根农村一辈子，绝无可能考大学，到城里工作、安家落户；没有他领导的改革开放，中国老百姓的生活也不会过得"天天像过年一样"；没有四十多年的持续高速发展，成为全球第二大经济体，美国也不会如此恐慌地围堵打压我们。

邓小平所提出的政治主张和思想理论，他所推动探索的中国特色社会主义道路，已经深刻影响了当代中国和世界的历史进程，并将继续影响中国乃至世界的未来。

中国人民有邓小平这样的伟人，何其有幸！我们生活在邓小平开辟的改革开放新时代，何其有幸！

大国格局

于洪君《大国格局》

大国格局
大变局下的中国与世界

于洪君 著

建军主任：惠览至指正！

于洪君
2023.3.22.

人民日报出版社
北京

新中国成立以来，中国坚持独立自主的和平外交政策，坚持中国特色社会主义发展道路，从"站起来"到"富起来"并走向"强起来"。

中国的综合国力和国际影响力与日俱增，中华民族已经越来越走近世界舞台的中央。

"一带一路"伟大合作构想的倡议和实践，持续提升了中国对外开放的能力和现代化建设水平，密切了中国与外部世界的广泛联系。"构建人类命运共同体"的外交理念和外交格局，赢得世界人民的广泛认同。中国在世界外交领域的"大国格局"已经蔚然成型。

于洪君先生长期从事政党外交工作，对新中国外交历史、外交理论、外交实践都有深厚理论研究和经验积累，其新著《大国格局——大变局下的中国与世界》，从新中国外交重大事件回眸与思考起笔，提纲挈领地勾勒出新中国成长为世界大国的历史路径和现实选择。

书中总结了新中国"另起炉灶"搞外交的宝贵历史经验，呈现了新中国外交部与中联部等多部门共同参与、多种形式相互配合的"复合型外交格局"，也披露了一批脱下戎装的"将军大使"的感人故事与历史细节。

作者梳理了新时期"应对国际关系新变化、打造大国外交新格局"的理念与行动，特别就周边关系、中美关系、一带一路、多边合作等重点外交话题展开详细论述，使人从波谲云诡的乱象中看清主流，从错综复杂的矛盾中抓住关键。

全书洋洋洒洒，纵横捭阖，读起来酣畅淋漓，充分展现了作者的政治智慧、理论功底、文字风采。贯穿全书的爱国之情、赤子之心，如长虹凌空，令人感佩不已。

当今世界正经历百年未有之大变局，如何拨云见雾，从乱云飞渡中看清实质？如何抽丝剥茧，从历史的纵深处把握规律？

《大国格局》值得反复阅读、仔细品味。

文明互鉴才能源远流长

滕文生《文明互鉴论》

杨建平同志采鉴

滕文生
二〇二三年三月

世界文明的发展源头不一，类型各异，古代世界就形成了两河文明、埃及文明、中华文明、印度文明、希腊文明、罗马文明等几大类文明。

各类文明有其特定的历史条件和特色优势，在历史的长河中，相互交流，相互借鉴，相互影响，当然有时候也相互冲突，才促进了全世界人类文明的发展与进步，才有了今天人类文明的灿烂辉煌。

民国时期的学术怪杰辜鸿铭，最早提出"中西文明融合论"，他指出"我是希望东西方的长处结合在一起，从而清除东西界限，并以此作为今后最大的奋斗目标的人"，他希望东西方文明通过交流和相互学习，互取所长，实现不同文明的融合贯通。

五四时期的闻一多先生也提出："对近世文明影响最大最深的四个古老民族——中国、印度、以色列、希腊……四个文化，在悠久的年代里，起先是沿着各自的路线，分途发展，不相闻问；然后，慢慢地随着文化势力的扩张，一个个的胳臂碰上胳臂，于是吃惊、点头、招手、交谈。日子久了，也就交换了观念、思想与习惯。最后，四个文化慢慢地都起着变化，互相吸收、融合，以致总有那么一天，四个的个别性渐渐消失，于是不能改变，也不必改变。"

20世纪90年代，随着冷战结束、苏联解体，美国政治家塞缪尔·亨廷顿提出了"文明冲突论"，他认为冷战后的世界，冲突的基本根源不再是意识形态，而是文明的冲突。他的代表作《文明冲突与世界秩序重建》，在全球范围引起争议。

滕文生先生历任中央政策研究室主任、中央文献研究室主任，他的新著《文明互鉴论》是站在历史新高度、文明新角度，对全球化背景下的世界文明进行研究分析，提出"东西方文明互学互鉴、构建人类命运共同体"的主题。

作者在书中分析了东方文明和西方文明各自形成的基础、发展逻辑和特色优势，总结了两次世界大战的源头为什么都来自西方的教训，陈述了"要和平要发展"的世界潮流形成过程。

面对当今世界文明发生复杂深刻变化，世界格局面临百年未有之大变局，作者总结提出了构成百年未有之大变局的"十个标志"，提出构建人类命运共同体是人类文明发展的历史必然！

当然，书中对儒学的现代化、国际化，也有深入系统的论述，颇有新意。

站在全球讲中国

杨国华《中国的世界遗产》

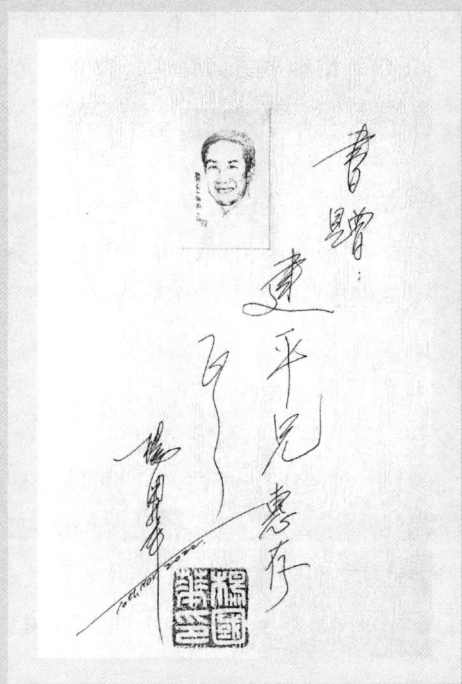

作为四大文明古国之一的中国，有着光辉灿烂的文化传统和文化遗产，也有丰富的自然遗产。这些遗产，既是中国的，也是世界的。

联合国教科文组织评选审定的《世界遗产名录》，列入中国的遗产三十五项，其中文化遗产二十五项，自然遗产六项，文化和自然双遗产四项，还有口述和非物质文化遗产四项。

杨国华先生的这本书，就是站在世界高度，用全球视野，全面介绍中国的世界遗产。

我和国华是同乡、同姓，又曾经是同事。他2002年去英国留学，我刚到北京工作，匆匆为他送行。此后，他忙于求学，我忙于求职，联系很少。

去年，我一个朋友去英国探亲，在牛津大学游览时，偶遇一个华人问路，一开口听出他的方言口音，就攀谈起来，不知道怎么的，他们提到我，都说认识，当场就发了语音给我。

我这才知道，国华在英国获得伦敦大学公共考古硕士后，又攻读了剑桥大学考古学博士，目前已经是剑桥大学考古系麦克唐纳考古研究院高级研究员、剑桥大学哲学学会院士。

此后他两次回国，我们见面，相谈甚欢，对他的学术研究和与国内的学术交流，甚为赞许，也颇多期许。

这部大开本、大部头的《中国的世界遗产》，可以说是皇皇巨著。书中用中英文对照的写法，从中国的古老文明和历史写起，一气贯通中国文明发展脉络。既图文并茂，又提纲挈领，对外国人来讲，易学易懂；对中国人来说，一目了然。

对每一处世界遗产，国华都亲临现场考察研究，书中全面准确的介绍、评点，让人感到并非纸上得来，而是有扎实的根基。尤其是国华早年的摄影功底在此发挥作用，每幅图片都凝聚着他的心血和热情，不但配合其文字，而且都可以独立欣赏。

这本书，从 2008 年出版至今，已有大英图书馆、剑桥大学图书馆、李约瑟研究所图书馆、美国图书馆以及各国驻华使馆收藏。

讲好中国故事，让中国走向世界，让世界认识中国，国华这本著作可以"经典永流传"。

一书一票

社会与进步

八次危机软着陆

温铁军《中国的真实经验：
八次危机》

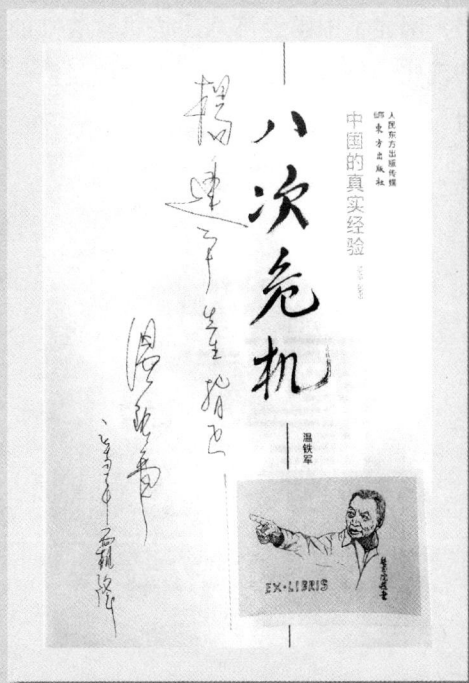

与温铁军教授相识多年，说他是"学者"，不如说他是"行者"。

时常见他背着双肩包，行走在祖国大地，四处调研。他说他是用脚板写论文。

他的书，没有时髦的词汇，也没有洋气的"理论"，只有扎根中国泥土的思考和立足现实问题的对策。

他的《中国的真实经验：八次危机》，我是先听的演讲，后看的书，觉得有醍醐灌顶、豁然开朗之爽！

中国经济发展速度快、经济体量大，已引起全球关注，许多隔着太平洋、戴着有色眼镜者的"崩溃论""威胁论"甚嚣尘上。他们不知道中国经济为什么具有如此的"韧性"，也无法理解中国经济的回旋余地在哪里。

温铁军的这本书，阐述了中国经济八次危机软着陆的成功经验，从历史和现实的结合点上，回答了中国经济的独特韧性和独有空间。

管好政府的钱袋子

楼继伟《中国政府间财政
关系再思考》

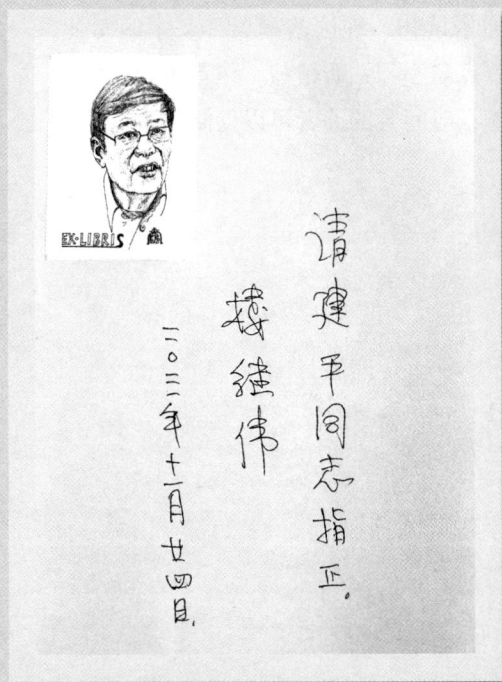

请建平同志指正。

楼继伟

二〇二三年十月廿四日

俗语说：不当家不知柴米贵。

作为财政部部长的楼继伟，在管好钱袋子的同时，结合本职工作研究思考了许多重大理论问题和制度安排。他写作出版许多学术专著，但我偏爱读他的《中国政府间财政关系再思考》。

我们国家国土地域辽阔，行政区划特殊，地区差别大，民族类型多，经济发展不平衡，在中央政府统一领导下，如何正确认识政府间财政关系，如何正确处理好政府间财政关系，如何平衡好政府间财政关系，至关重要。

楼继伟的这本书，系统研究，全面论述，回顾历史，立足当下，借鉴国际经验，针对问题改革。融理论性、实践性、政策性为一体，兼顾国际视野和本土意识。

当然，不是通俗读物，理论的深奥、文字的专业，一般读者读起来需要点耐心和钻研精神。作者也说："第一章概述是本书的浓缩，时间紧的读者可以仅阅读本章。"

音乐何需懂

周海宏《走进音乐的世界》

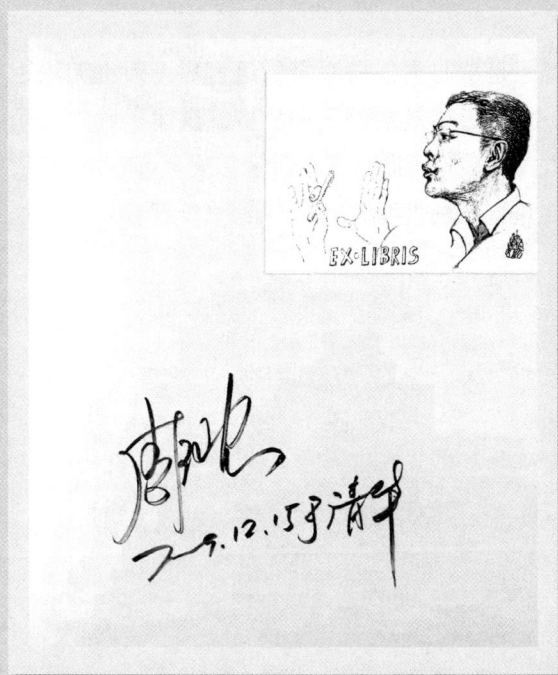

谈起教育，地球人都知道"德智体全面发展"。但审美教育的缺失，已经严重影响国民素质的提高、青少年成才乃至中华文明的继承和发扬光大。

身为中央音乐学院副院长的周海宏，到处演讲他的《走进音乐的世界》，大声疾呼"缺少审美教育，未来会一败涂地"。尤其是针对领导干部的"美盲"，一针见血地指出"幸福少、破坏大"！

我在2009年的演讲会现场结识周先生，并购买了他的签名书。

书中阐明一个著名观点：音乐何需"懂"！

他说，音乐就是一种听觉享受、听觉联想，给人的是情绪感染、心理抚慰、心灵滋养，不一定都要说出个一二三四来。

他说，音乐是从心灵说向心灵的语言！无须也无法用语言来表达。他通过生动的例子和故事，讲述了欣赏音乐的三种基本方式，破除了欣赏音乐时"正确理解"的误区，引导人们"走进音乐的世界"，并呼吁："没有音乐的人生是遗憾的人生！"

一往情深为三农

陈锡文《读懂中国农业农村
农民》

中国是农业古国，也是农业大国。

中华文明五千年历史，是以农业农村农民为基础、为主流的演进史。

中华文明的博大精深是以农耕文明为底色的。

读懂中国就必须读懂中国的农业农村农民。

出生于大上海的陈锡文，却对三农工作一往情深，长期担任中央农村工作领导小组办公室主任，集三农理论研究和政策制定于一身。心心念念的都是如何保护农民的利益、如何调动农民的积极性、如何稳定农业这个国民经济的基础。2004 年至 2016 年十三个中央一号文件，起草组负责人都是陈锡文。

在他众多的著作中，《读懂中国农业农村农民》一书，价值和影响非同一般。

作者以广阔的视野、独有的高度，从历史的纵深维度中，梳理提炼中国农业农村农民的历史脉络，深入浅出地对古代的农业文明、农业制度、农业思维进行归纳总结；对中华人民共和国成立后在中国农业农村发展道路上的艰辛探索，做出中肯的分析评说；对改革开放后中国农村所发生的历史性巨变，进行了深情的讴歌；对新世纪以来强农惠农富农政策体系的建立，作了重点论述。

读这本书，可以看到中华文明的演进和中华民族生生不息的奋斗。耐人寻味，令人鼓舞！

独家手笔

胡舒立《舒立观察》

本人是文科生，早年在新闻单位工作，看到胡舒立写的《美国报海见闻录》，喜欢得不得了，至今还保存在手头。后来误打误撞进入经济领域工作，又看到胡舒立创办的《财经》杂志，就坚持订阅好多年，从中学习经营管理，以补自己的短板。

每期杂志到手，我都是先看"财经观察"的专栏文章，掌握大趋势，了解新热点，感受新思维，理清新思路。

中国经济社会的巨大变革和快速发展，使得许多新问题、新矛盾层出不穷，对外开放和经济全球化以及互联网时代，许多新现象常常"乱花渐欲迷人眼"。"财经观察"的文章，总能从"乱云飞渡"里从容剥茧抽丝，捋清大趋势，时常在"众声嘈杂"中淡定彰显主流，指引方向。

"财经观察"的文章所写内容，都是针对社会热点问题独立观察后的独家观点，其或深刻、或冷静、或敏锐、或前瞻、或鼓与呼、或鞭与笞，但骨子里流淌的是对改革的深情呼唤、对众生的赤诚之爱、对社会的责任担当、对媒体的分寸把握。

2010年，胡舒立把"财经观察"的文章结集出版，名为《舒立观察——中国十年之真问》，书中按"政经风云""法治天平""民生情怀""经济大势""产业观潮""金融激流""纵目全球"七个章节，将"财经观察"的专栏文章分类集中呈现。

通读全书，如同回看电影大片般，中国十年改革发展的重大事件历历在目。《选择好的市场经济》《改革的成本和不改革的成本》《对腐败现象要有经济学思考》《特大雪灾呼唤气候觉醒》《群体性事件求解》《大姚审计发出改革预警》《务实看医改》《要什么样的8%》《莫让回暖遮望眼》《棉花放开、粮食放开与农业自由化》《此救房不是彼救房》《不以上市迟早论英雄》《中国银行 IPO 凯旋之后》《理解入世承诺不必刻舟求剑》，这些文章虽然当时已经读过，但如今再读，仍然觉得熠熠生辉、沉香绵绵。

新闻界有句行话，"新闻是易碎品"。但胡舒立的"财经观察"，好像是个例外！

EX · LI BRIS

一代风骚

岳南《南渡北归》

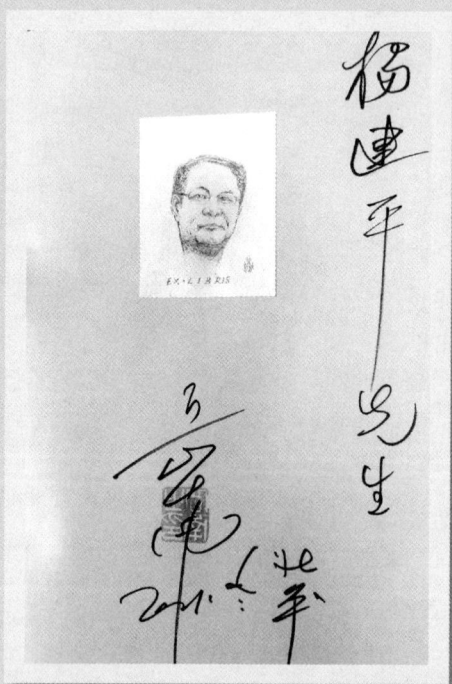

抗日战争期间的西南联大，是中国近代史上一个文化奇迹、教育丰碑。岳南的《南渡北归》用全景式的描写，生动再现了这一文化奇迹，塑造出一群熠熠生辉的文化大师群雕。

三卷本的《南渡北归》，可谓皇皇巨著，我是又看又听，才断断续续看（听）完。其中许多章节的内容，早前已经知道了大概，但从书中再读，还是震撼、感动不已。因为一两个人物、一两个事件，单独看和放在一个总体大背景、大结构、大叙述中看，感受和认识是不一样的。

作者用非虚构纪实手法，把这一宏大事件中的人物、故事、学识、成就，人与人的勾连、互动、恩怨、情仇，写得不枝不蔓，张弛有度，煞是好看。人物的风采、故事的生动，常使我该吃饭时放不下、该睡觉时还想看。尤其是对历史细节的用心打捞和刻意求真，难能可贵。

除了正文，书中的注释也很有史料价值和可读性，在引述不同的说法、史料进行辨析的过程，可以看到作者的学术功底和认真态度。

向一个特殊的时代、一群灿烂的大师致敬！

天下农家一样情

韩长赋《我到访过的外国
农家》

我到访过的外国农家

The Farms I Visited Around The World

韩长赋 著

建平同志存正

韩长赋
二〇二一年十月廿日

EX·LIBRIS

中国农业出版社
北 京

担任农业部部长十一年的韩长赋同志，对农业农村农民有深厚感情，更有深刻理解，他坚持"在行万里路中寻找答案"的工作作风，全国的县区旗，他跑过一半以上，农村的田间地头、农家的院落炕头，是他最喜欢的地方。出国访问，他也喜欢到外国的农庄、农家访察，以便在全球化背景下，观察思考农业农村农民问题。

他把自己实地访问过的外国农家的调研和思考，结集出版，名为《我到访过的外国农家》。书中展现了世界各个国家农业的多姿多彩，描画了不同农家生产生活的生动有趣，介绍了各种农业形态背后的历史地理、人文传承，问答了农民普遍关心的政策支持和国际交流。

作者总是立足于中国农业农村农民的实际问题，去观察"他山之石"，调研外国农业、农庄。

在《意大利：一个家庭农场的油橄榄三产融合》中，作者以小见大，由此及彼，提出，三产融合是农业发展的大趋势，但怎么融合就有许多道路选择，每个国家都应该根据自己的特点选择自己的道路。进而又指出，工商资本下乡，带动人力、财力、物力以及先进技术、理念、管理等进入农业农村，给土地带来了活力，也给农民带来了收入。但要警惕个别地方引入"老板"却抛弃了"老乡"的错误做法，推进一二三产业融合，要把农民融进产业链，最终目的是让农民富起来。这是我们的初心，也是我们的底线。

在《丹麦：年轻夫妇爱养猪，还都是高学历》中，作者思考道：农业从业者老龄化是全球农业的普遍困扰。青年是影响当前、决定未来的重要力量，世界各国都在出台有针对性的措施，鼓励青年加入农业生产中。我国也在出台针对青年农民的培养支持计划，希望未来让农业成为有奔头的产业，让农民成为有吸引力的职业。

在《冰岛：牧场留守老人也可以生活得很舒心》中，作者写道：留守老人并不就意味着孤单、凄凉，而是也可以生活得有文化、有品质。进城和留守不可避免，但也要处理好两者的关系。亲情是割不断的，乡愁是舍不掉的。作者还从欧洲土地制度的"长子继承制"谈到防止土地碎片化，又从经济制度对民族文化和民族性格的影响，谈到欧洲人富有冒险精神的根源。

在《古巴：站在茅草屋前与国有农场场长谈改革》中，作者写道：古巴农场场长对中国土地承包经营很感兴趣，当时他们也在实验搞承包。作者感慨："任何时候都要尊重农民意愿，要敬畏来自泥土深处不甘于贫困的生命力；任何时候都要保障农民的物质利益和民主权利。"

书中每一篇文章，都是一个乡村故事，都是一幅风情油画，都是一首乡土恋歌。慢慢地阅读，像漫步在乡村小道、闻着稻菽的芳香、听着牛羊的牧歌一般勾起阵阵乡愁，也会像盘腿坐在农家炕头听他们唠嗑一样，家长里短让你倍感亲切温暖，其间，作者的夹叙夹议，又会引发你深远的忧思和遐想。

讲透两句话

杨建平《回归 "一国两制" 的初心》

回 歸

「一國兩制」的初心

「一國兩制」漫談

（第二版）
(2nd Edition)

The Original Intent of
"One Country, Two Systems"

An Informal Chat on "One Country, Two Systems"

蕭平 著

Xiao Ping

中華書局

《回归"一国两制"的初心》是一本特殊主题、特殊时期的言论集。2020年5月出版，一时洛阳纸贵，至今已经连续印刷七次。

作者萧平，本名杨建平，是政府管理学博士，学问功底之深厚自不待言。作者又是资深评论员，对重大时事问题有敏锐的观察和分析，在香港报刊发表评论文章三百多篇，有较高知名度和公信力。特别是作者在香港工作生活二十多年，亲身经历了香港回归后的发展演变和"一国两制"的实际进程，熟知内情，洞悉全貌，拿捏有度。

书中的文章，都是直面香港"一国两制"实际运行中人们普遍关注的问题，进行有法有据的解读、入情入理的阐释、细致入微的观察、点中要害的分析。许多文章站位高，立意深，论述精到，行文严谨，许多争议不休的问题，被他"庖丁解牛"一般捋清脉络、辨别是非、指出方向。

与诸多有关"一国两制"的大部头著作不同，这本书以设问方式搭建结构，以短小精悍为特色。

"为什么选择一国两制""为什么要摸着石头过河""为什么一国两制要讲两句话""为什么是行政主导""为什么不是三权分立""双普选卡在哪里了""宪法、基本法和《中英联合声明》是什么关系""为什么中央打出组合拳""怎样构建香港特色的民主选举制度"等等，直面读者尤其是香港同胞的关注点和疑虑点，深入浅出，直击要害，解疑释惑，书中每篇文章只有千字左右，看似不追求体系，但把各篇串起来，理论框架立现，所谓大道至简，以小切口揭示大道理，足见作者的功力与积累。

本书还有一大特色，就是中英文对照，方便香港及海内外读者阅读理解，也契合了"一国两制"这一主题的国际普遍关注的特点，便于广泛传播。

"一国两制"是国际政治史上一个伟大创造。本书则是有关"一国两制"提纲挈领、精到而通俗的读本。

走向共同富裕

韩俊《走向共同富裕的苏州之路》

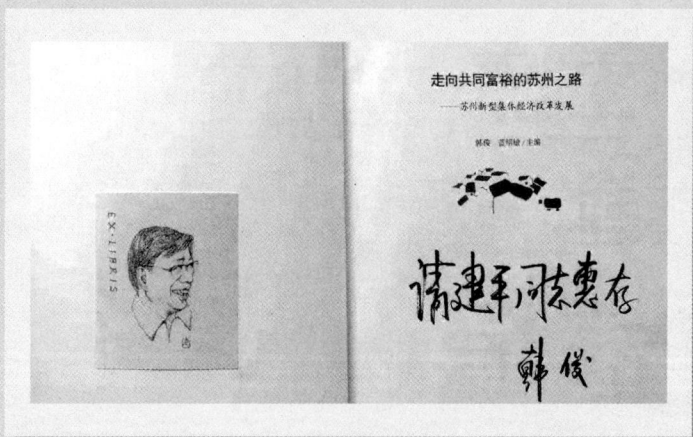

韩俊同志长期从事三农问题研究，著作颇丰。走上领导岗位后，研究思考更深入实际、更关注全局、更兼顾可操作性和可行性。

他主编的《走向共同富裕的苏州之路》，是他对苏州农村改革发展长期跟踪研究的又一成果。本书聚焦苏州新型集体经济改革发展的典型研究，通过"解剖一只麻雀"的方式，启发引导我们探索农村集体所有制实现形式，创新农村集体经济运行机制，增强集体经济发展活力，确保集体资产保值增值，保护农民资产权益，引领农民逐步实现共同富裕。

书中回顾总结了苏州集体经济的四次跨越和苏州集体经济的独有特色，展现了苏州集体经济的发展路径和发展成效，提出了苏州新型集体经济发展的五点启示：第一，坚持因地制宜，探索集体经济发展新模式；第二，坚持明晰产权，持续深化集体产权制度改革，完善农村集体资产权能和内部法人治理结构；第三，坚持完善农村产权市场体系和规则体系，推动农村产权流动交易公开公正规范运作；第四，坚持促进农村集体经济均衡发展，注重"抓两头、带中间"；第五，坚持处理好村级组织与集体经济关系，有序开展政经分开改革。

这本书兼顾理论与实践，关注制度与政策的形成脉络，注重用案例和数据说话，好读、好懂、好用。

EX·LIBRIS

和谐水利，涵养生态

陈雷《民生水利与可持续
发展》

MANAGING WATER
RESOURCES
FOR PEOPLE'S LIVELIHOOD
AND SUSTAINABLE DEVELOPMENT

Selected Articles and Speeches

CHEN Lei

诸建平主任惠存。

陈雪

二〇一一年十二月二八

...ater & Power Press
www.waterpub.com.cn

ICP Imperial College Press
www.icpress.co.uk

水利部部长陈雷的《民生水利与可持续发展》，是中国水利出版社和英国帝国理工大学出版社联合出版的一本英文著作。

书中收录了陈雷担任水利部部长期间的重要讲话和专题论述，是陈雷同志围绕中国可持续发展问题，对当今中国水利事业发展如何惠及民生、涵养生态的深度思考。

本书精辟讲述了中国的水利政策，系统阐述了中国以人为本、敬畏自然、发展和谐水利的理论和实践，对于国际社会了解中国水利政策提供了一个权威而便捷的窗口，也为世界水利界同行了解和掌握中国治水新思路提供了权威资料。

据报道，2012年3月在法国马赛举行的第六届世界水论坛期间，这本《民生水利与可持续发展》，受到来自全球与会者的欢迎和好评。

英雄当年来处

任正非《浮球式标准压力
发生器》

华为创始人任正非，早年毕业于重庆建筑工程学院，后入伍工程兵部队，曾任基建工程兵某研究所副所长。

1978年，他出版了第一本专著：《浮球式标准压力发生器》，对自己领导的实验室研制我国第一台高精度浮球式标准压力发生器的过程，做了全面总结。

浮球式标准压力发生器——空气压力天平，是测压技术的一项革新，它的研制成功，为我国发展自动化技术提供了一种精度高、使用方便、造价低廉的工业标准仪器。

任正非在书中系统介绍了浮球式标准压力发生器的原理、结构及用途，还通过数学模型分析，描述其动态特性、稳定度等。

书的最后，还附录了"国外有关资料简介"，使读者可以从国际视野看待这项技术革新成果。

任正非在前言中说，他们研制的浮球式标准压力发生器，精度、灵敏度、稳定性，"与美国埃麦泰克公司的产品相比较，达到了先进水平，填补了我国微压技术的一项空白"。

我拿着这本书，让他签名时，任正非惊讶地说："你从哪里弄来这本书？"随即仔细翻阅、抚摸，仿佛遇见了失散多年的儿子。

读此书，可知英雄来自何处，可知千里之行从哪里下脚。

都是干货

宁高宁《为什么》

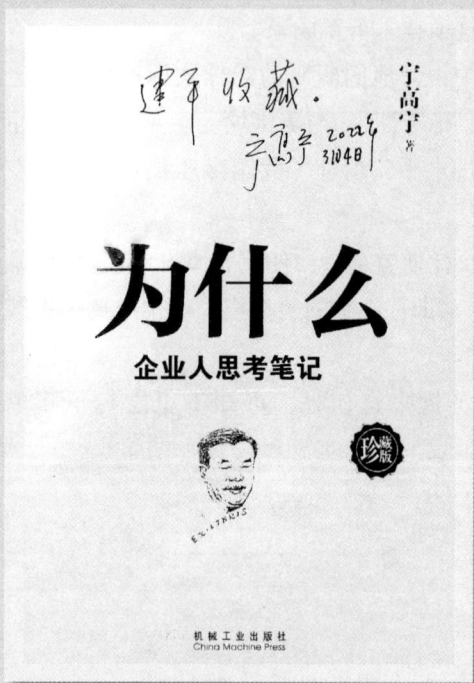

中央企业高级管理干部中，有许多有魄力、有魅力、有思想、有专著的企业家。宁高宁可算是其中之一。

　　他在华润集团、中粮集团、中化集团，都有出色表现，尤其在企业管理上勤于思考、勇于创新、善于总结、长于沟通，颇受媒体追捧，属于网红企业家。

　　在全国政协经济界，我们一个小组，接触多了，我觉得高宁并非高高在上的霸道总裁，也不是高冷的山东壮汉模样，发言讨论总是有故事、有人物、有观点、有数据，有时候还抖点"包袱"，温文尔雅，颇有风度。

　　读着他的《为什么》，对他的锦心绣口体会更深。

　　这本书最大的特点就是小中见大、平易近人、幽默风趣。它把许多高深企业管理要点，用小故事、短文章讲得滋味隽永。

　　每篇都是从身边小事谈起，娓娓道来，最后提升总结到"企业管理"的一个主题。坐飞机，比较航班的座位设置、阅读书刊、饮料配送等，分析服务内容与客户需求的匹配度。吃寿司，观察到消费的诱惑和市场营销创新。看足球赛，讨论的是团队的态度决定胜负和尊严。与出租车司机聊天，引申出产业链高端的规则、技术、模式问题。看到香港圣诞节的许愿树，他发出"需求有时候真是创造出来的"感悟。看到企业搬进豪华大楼办公，他产生"公司有太多的钱是很危险的"警醒。逛颐和园，他思考企业竞争力问题，发出"中国的企业能给后人留下像颐和园一样有长久生命力的创造吗"的叩问。

　　反复阅读这本书，我有许多感悟和联想，忍不住勾勾画画。有的地方觉得"于我心有戚戚焉"，击节叹赏；有的地方，又觉得如果早读到这本书，就会减少许多工作困惑，大有相见恨晚之慨。

　　深深感动于老宁同志处处留心的勤奋和敏锐，更敬佩他由此及彼、由表及里的深刻和通透。

　　这本书，可谓小文章、大著作。忽然想起网络上一句话：我爷爷奶奶都不扶，就服你！

EX·LIBRIS 蘭

教科书，啃着读

陈雨露《金融学文献通论》

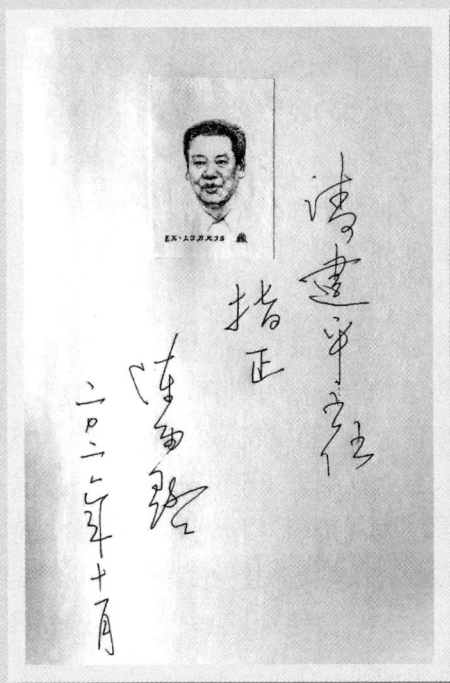

EX·LIBRIS 蘭

清建华兄
指正
陈雨露
二〇二二年十月

金融是经济的血脉，金融活，经济活；金融稳，经济稳。随着经济全球化的迅猛发展，金融在经济社会的引领作用、助推作用、连接作用、控制作用普遍放大。

国家之间的经济竞争、合作、冲突往往会表现或者"变现"在金融方面。近年来，随着金融科技水平的快速提升，新的金融形态、金融手段层出不穷，颠覆了传统金融机构的经营理念和操作实践。

货币战争、金融攻击等成为国家之间新的战争形态。薅羊毛、割韭菜，也成为百姓的口头禅。

金融从来没有像今天这样紧密地联系着每一个人的钱袋子，绷紧着每一个公民的神经。尤其是亚洲金融危机和美国次贷危机，给全世界的普罗大众上了一堂生动深刻的金融课。

不学点金融的 ABC，几乎无法在现代社会生存。

陈雨露是中国人民银行副行长、金融学教授，曾是美国艾森豪威尔基金高级访问学者、哥伦比亚大学富布赖特高级访问学者。我们在全国政协经济界一个小组，我常求教于他。他送我一套由他和汪昌云主编的《金融学文献通论》。

这套《金融学文献通论》是我国金融理论研究界的权威著作。第一卷《原创论文卷》，介绍和评述现代金融和货币经济领域最权威的原创论文；第二卷《宏观金融卷》，纵向综述货币银行以及国际金融等宏观金融研究领域各个核心理论研究的来龙去脉、发展历程、当今所处阶段，并把脉未来研究方向；第三卷《微观金融卷》，综述现代资产定价、公司金融、金融衍生工具、行为金融等微观金融领域的起源、发展以及现阶段的热点研究。

这本书本来是高等院校经济学或金融学专业博士生、硕士生和高年级本科生的教材。作为踏在金融学门槛上张望的外行，我读起来非常吃力。

不过硬着头皮囫囵吞枣，自我感觉受益多多。粗浅地知道"剑桥方程式""金融加速因子""资产组合理论""信息有效市场悖论""货币需求理论""货币政策规则理论""汇率决定理论""国际收支理论""巴拉萨-萨缪尔森效应""金融脆弱性理论""金融泡沫理论""金融经济周期理论"等过去闻所未闻的基础框架。

我读得最用心的还是《微观金融卷》，尤其是公司金融的"股权融资""债券融资""资本结构之谜"几部分。

最后的"家庭金融"，内容不多，但更微观，更切乎自身利益，不可不读。

这种大块头著作，还是不急不躁，慢慢读吧。

高质量发展
高水平研究

张占斌《中国经济高质量
发展相关问题研究》

EX·LJBRJS

国家社科基金丛书
GUOJIA SHEKE JIJIN CONGSHU

中国经济高质量发展
相关问题研究

Research on Issues Related to
China's High-quality Economic Development

张占斌 著

中国经济经过四十多年的高速发展，进入高质量发展的新阶段。从高速度到高质量的重大转型，有许多新问题、新矛盾、新困惑，需要理论上的研究和实践上的探索。

《中国经济高质量发展相关问题研究》，是在关键时期由权威专家撰写、权威出版社出版的权威著作。作者张占斌是中央党校马列学院院长、一级教授、博士生导师；出版单位是人民出版社；本书内容也是国家社科基金重大项目的重要成果。

有幸和占斌相熟，我专门跑到中央党校登门向他请教，索要"签名著作"，并请他作了一对一的"读前辅导"。

这本书重点围绕我国经济由高速增长转向高质量发展的相关问题展开研究，共有八个篇章：一是牢牢把握经济高质量发展的思想理念；二是深刻理解经济高质量发展的方位坐标；三是辩证看待经济高质量发展的机遇和挑战；四是稳妥应对经济高质量发展的时代大考；五是加快构建经济高质量发展的体制机制；六是努力锻造经济高质量发展的经济体系；七是精心培育经济高质量发展的营商环境；八是高度关注经济高质量发展的安全保障。

我是断断续续、反反复复才读完这本书的。书中不少问题都是针对重大现实关切迎难而上的探索研究，此前不少文章已经在国家重要报纸、杂志发表过，现实意义极强。

书中对许多重大问题的研究论述，其站位之高、研究之深，其贴近性、针对性之强，让人甚为叹服。作者在梳理中国经济发展历史脉络时的主线贯通、在分析世界经济大势时的视野宽阔、在提出现实对策时的把握精准，都体现出大家风范。尤其是对改革体制机制、培育营商环境、正确对待民营经济等问题的研究，不仅体现了作者的政治水平、理论功底，更体现出作者直面现实的勇气及其为苍生社稷的责任担当。

深度解剖　历史节点

张素华《变局》

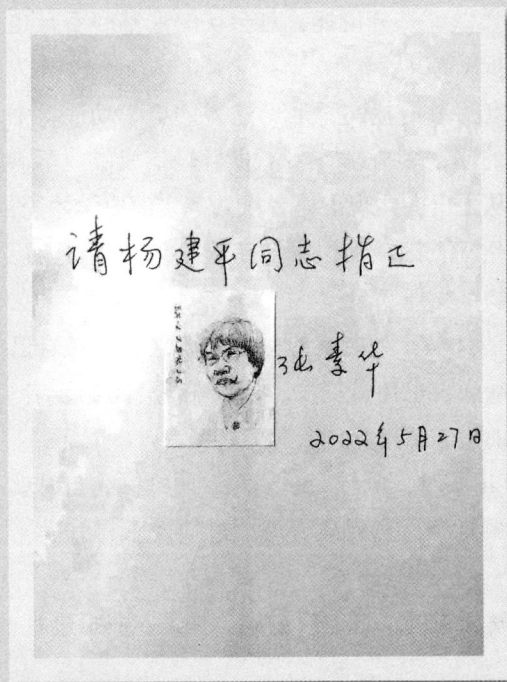

请杨建平同志指正

张素华

2022年5月27日

今天是七月一日，是党的生日。

在中国共产党历史上，七千人大会是一个重要的里程碑。会议规模之大，会议时间之长，会议主题之重大，会风之开放民主，会议对当时经济社会发展的推动作用，都是彪炳史册的。

张素华女士的《变局——七千人大会始末》一书，深入研究并详细记载了这次会议的全过程，对会议召开的历史背景、当时经济工作中遇到的难题、中央领导人对"大跃进"运动的反思总结及思想认识差异、各个层级干部的思想状态、会议最初的主题及其中途改变、会议时间的大幅度延长、会议争论的焦点、领导们的批评和自我批评等，都有严谨细致的考证和丰富多彩的描述，对会议的积极作用和重大历史意义做了充分论述，对会议的遗憾和不足也进行了冷静的分析思考。

书中史料丰富，考据扎实，足见作者的史学功底；书中对许多有争议的问题多方求证，不盲目轻信权威，不满足已有结论，论从史出，体现出作者求真务实的史学才识；作者的文笔流畅生动、细腻而温暖，使这一重大题材的历史专著读起来润物细无声。

尤为可贵的是，作者对会议的一些未解之谜、对自己研究中的困惑及缺失，也坦诚提出，记录在案，留给读者。这种严谨、谦虚的治学精神，让人甚为感佩。

此书 2005 年出版时，风行一时，几次印刷，我当时就购买阅读，并珍藏至今，直到最近才通过朋友求得张女士签名。

要了解和理解新中国经济建设的艰难探索、曲折进程，此书不可不看！

要知道新中国第一代领导人治国理政的风采，此书不可不看！

要学会实事求是、严谨治学，我以为此书可谓标杆！

成功改革的历史标本

熊召政《张居正》

EX·LIBRIS

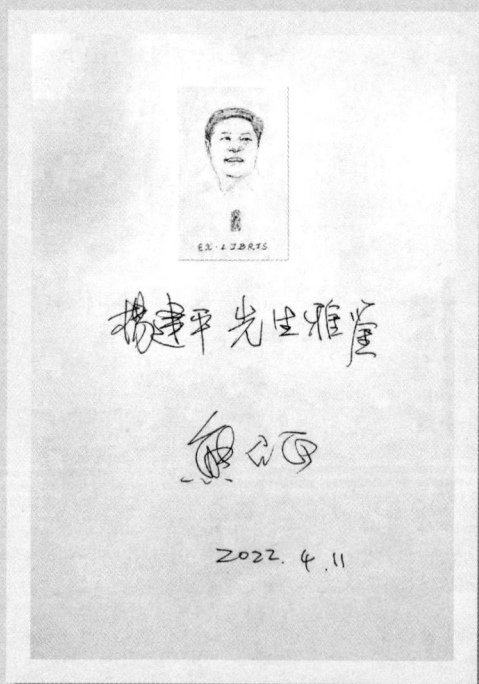

EX·LIBRIS

杨建平 先生雅鉴

熊召政

2022. 4. 11

读《万历十五年》，才知道大明王朝有个首辅张居正。

读《张居正》，才知道湖北有个作家熊召政，文与史兼美。

黄仁宇的《万历十五年》一书里说："张居正的不在人间，使我们这个庞大的帝国失去重心，步伐不稳，最终失足而坠入深渊。"

我开始关注那个锐意改革并成功改革的内阁首辅张居正。

陆陆续续又翻看了历代变法改革的书籍，更觉得张居正"辅政十年"的难能可贵和"身后凄凉"的可悲可叹。

湖北作家熊召政的长篇小说《张居正》一出版，我就如饥似渴地读完了。隔一段时间，知道这部小说获得茅盾文学奖，我又挑拣重点章节细看一番。

张居正是一代贤相、能臣，也是个政治强人。小说生动地展现了明代政治经济社会风貌，刻画了以张居正为主角的明代官员群像。对皇权与相权的博弈、制衡和合作、互动，写得惊心动魄，跌宕起伏；对内宫与朝廷的各色人物描画得入骨三分。

当然最出彩的还是对张居正这个人物的塑造，有血有肉、个性鲜明。他上位之前的隐忍、养晦，登上首辅之位后的刚毅深沉，多谋善断，整饬吏治，刷新颓风，革新税赋，梳理财政，大刀阔斧推行经济改革，使明代万历年间成为大明王朝最为富庶的时代。

对张居正的刚愎自用、偏听阿谀之词，甚至好色伤身等缺陷，作者也写得很有分寸。尤其是对张居正生前显耀、死后悲凉的描写，深刻反映出封建官场的险恶、世态的炎凉。

　　读这部小说有丰富的历史沧桑感，也有浓郁的文化厚重感，常常会掩卷深思或击节赞叹！

未来交通

李彦宏《智能交通》

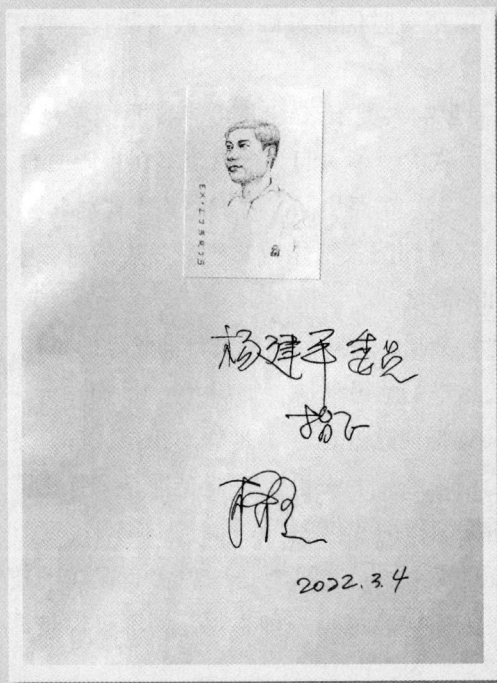

EX·LJBRJS

福建平主定
啊

2022. 3. 4

如今的"百度"，已经是人们工作生活中最可靠最亲切的帮手。年轻人亲切地称呼她"度娘"！

百度的创始人李彦宏，北大毕业，留学海外，归国创业，头上有许多光环，身上有许多传奇，加之又是颜值担当，被媒体炒得几乎"焦糊"。

但你如果和他坐在一起交谈，你会发现他完全不似我们惯常所见的 IT 精英、企业大佬，言谈举止毫不张扬、新潮、犀利，而是一个慢言细语的儒雅之士，甚至给人以寡言的感觉。

在全国政协会议期间，我们一个界别、一个驻地。这本《智能交通》，他为我签名时，我们在他的房间有过交谈，他说搞企业很忙，但他还是喜欢抽出时间写点东西，用知识沉淀思考，以期对时代的发展或多或少起到一些正向的推动作用。

《智能交通——影响人类未来 10—40 年的重大变革》，从人类的交通史的几次大变革写起，重点落笔在智能交通，写智能信控、智能停车、车路协同、智能高速、自动驾驶、人机混合等。最后提升到国家智能汽车创新发展战略以及智能交通与碳中和的高度。

书中许多理念、数据、方案，都是极具前瞻性的思考，就我个人而言，读这本书觉得真是"脑洞大开"。但作为一个普通大众，你又觉得他这些论述不是凭空想象，都是基于既有事实，结合前沿技术，去设想智能交通是个什么样子、将会给我们带来怎样的变化。

李彦宏在后记里说："人工智能是一种实实在在的技术，而不是概念；人工智能也是一种思想，而不仅仅是具体的工程化问题。"

他夫人看他趴在电脑旁写这本书，说他是一个有情怀的人。

读罢此书，我也深以为然！

艺术的起源

易中天《艺术人类学》

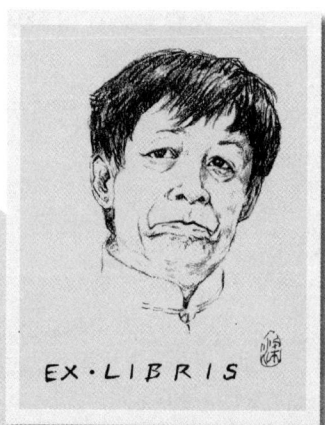

EX·LIBRIS

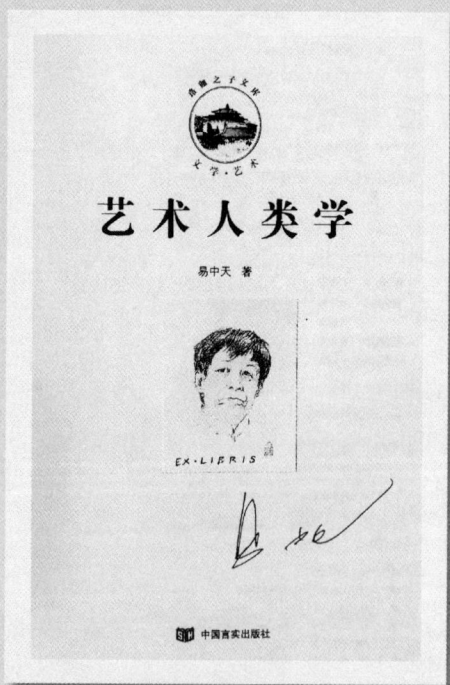

艺术人类学

易中天 著

EX·LIBRIS

中国言实出版社

易中天是从中央电视台《百家讲坛》火起来的。在此之前，我看了他写的《读城市》《品人物》，就很喜欢，觉得这个人的学识、才气非同一般。

听他的电视演讲，和读他的书比较，我觉得还是他的书更有思想深度和学术高度；他的口才与文才相比，我以为文才更飞扬！

所以他的许多著作我碰到就买。

这本《艺术人类学》，是他 1990 年在武汉大学时的著作，属于年富力强的壮年之作。1992 年出版后不久，获得首届全国高校人文社会科学优秀成果二等奖。

艺术人类学是运用文化人类学的方法和成果来研究艺术的本质和规律，是着重研究艺术的发生机制和原始形态的科学，是艺术学和人类学交叉的边缘科学。易中天的这本书从考古学、人类学的大量原始材料和研究成果出发，探寻原始人类艺术创造的动机、心理状态和文化背景，对艺术的本质和人的本质进行哲学思考，最终揭示出艺术的本质，实现了艺术本质的人类学还原。

相比我早前看过的艺术起源、艺术原理之类的书，易中天的这本书，材料的丰富、叙述的流畅、思考的深入、文笔的优美，都是前所未有的。

尤其是他在书中提出的"确证"的概念，我以前闻所未闻。他认为远古人们制作工具、刻画图腾、人身装饰、生殖崇拜等，都是要把"自我"在一个外物上去"确证"，"它不单纯是一个外在的物质过程，同时也是一个内在精神过程"。他由此推导出一个结论：由生产劳动中产生出来的人与人之间的相互确证和自我确证，即情感的交流和传达，既是艺术的真正起源，又是艺术的最深刻的本质。

这本书在易中天的"书系"中，不算畅销，但绝对是"学术硬核"。字里行间，可以看出他是费了心血、下了苦功的。

一曲乡恋

梁鸿《中国在梁庄》

EX·LI BRIS

EX·LI BRIS

请杨建平先生批评！

梁鸿

2014.1.10.

我和梁鸿是河南老乡，虽然她年纪比我小，但自从她写出《中国在梁庄》，我就对她尊敬有加。我也是从梁庄那样的中原农村走出的，我每年春节也回村里"过年"，对农村的衰落也曾伤心落泪，但我没有像梁鸿那样蹲在村里几个月去调查研究，更没有她那种才气，能写出如此悲怆的"乡愁恋曲"。

八年前，我一边流泪一边读《中国在梁庄》，书里的人物和情节，仿佛就在我身边，我总不自主地把书中的人物置换为我的大娘大伯、叔叔婶婶、儿时玩伴。

读完这本书，我疯狂地向朋友同事推荐，甚至自掏腰包买了书送给人家并强调："一定要看!"

受这本书的"激发"，我写了《葡萄嫂子》《姑奶本是上海人》《婶子水上漂》《不能吃肉》《爱莲老师》等，记下了我的乡愁。

《中国在梁庄》写出了"令人惊诧、震撼、哀痛的中国现实"。作者用一种崭新的文本，把观察、素描、议论和自述相结合，生动鲜活地记录了"梁庄"的乡亲们真实的生活场景和现实困境：农村留守儿童的父爱缺失、留守老人的老无所依、农村自然环境的污染破坏、农村家庭关系的扭曲裂变、农民"性福"的道德危机等等，深刻揭示了中国社会历史巨变中的"转型之痛"。

虽然这是一部文学作品，但我个人觉得它也可以当作一部社会学著作来读，比起曹锦清的《黄河岸边的中国》，在家庭伦理、村落文化、乡村治理、城乡互动等方面，《中国在梁庄》更有深度和感染力。

梁鸿说："梁庄是我的家乡，也是你的家乡，是我的乡愁，也是你的乡愁，是每一个中国人化不开的心结。"

　　这是一首乡恋和乡愁交织的"华美乐章"。每次听，我都会心生哀伤。

学生的第一口奶

袁运生《走向文明的自觉:
20世纪中国美术名家袁运生》

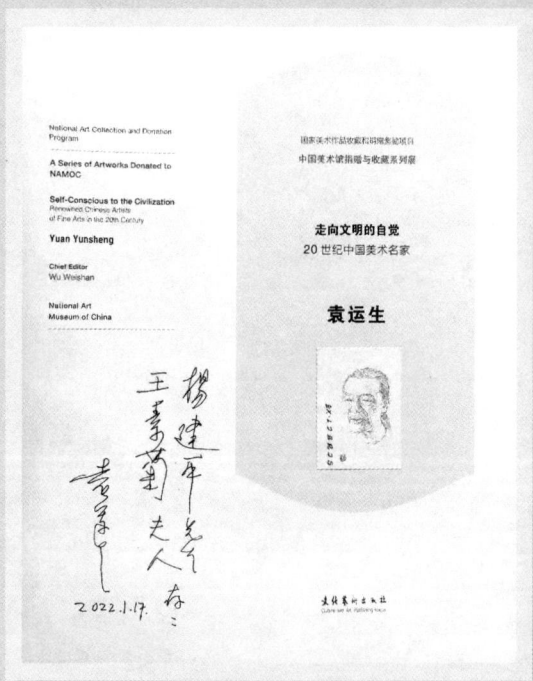

National Art Collection and Donation
Program

A Series of Artworks Donated to
NAMOC

Self-Conscious to the Civilization
Renowned Chinese Artists
of Fine Arts in the 20th Century

Yuan Yunsheng

Chief Editor
Wu Weishan

National Art
Museum of China

国家美术作品收藏和捐赠奖励项目
中国美术馆捐赠与收藏系列展

走向文明的自觉
20 世纪中国美术名家

袁运生

文化艺术出版社
Culture and Art Publishing House

《走向文明的自觉：20世纪中国美术名家袁运生》这本书，是我收藏的签名书中"分量"最重的书之一。

一是先生名满天下，一代大师，自身分量够足；二是这本书收录了袁先生各个时期的代表作，还附有袁先生的艺术年表，权威性、经典性足够；三是书中有袁先生和研究专家的精彩对话，砂锅打破，纹路自现，可以窥知袁先生的美学思想和创作思路；四是书籍本身编辑、印刷、装帧的大气精美厚重。

当年读大学时，袁先生在首都机场的大型壁画《泼水节——生命的赞歌》引发广泛争论，成为改革开放、思想解放的标志性事件。那时起，我就喜欢并追逐他的艺术踪迹。先生那句掷地有声的话："绝对不能改，在世界历史上，改画是一件丑闻，如果改掉的话，对中国改革开放的形象是极大的损害。"我至今记忆犹新。

以后有他的画展或者媒体报道，我也一直关注。后来，有幸与他的侄子袁加夫妇相识，我对先生的艺术更增加了一些热爱。近期翻看这本全面反映先生艺术人生的书，我心头总会冒出"庾信文章老更成，凌云健笔意纵横"这句诗。

纵观先生一生的创作，可以说是几经挫折，愈挫愈奋；几经变革，不断突破；扬弃旧我，再造新我。尤其是从美国归来之后的创作，似乎是在寻找中国美术的根和魂，抛开流派，摒弃主义，无视土洋，汪洋恣肆地表达着自己的美学畅想。作品中呈现的那种雄浑、壮硕的气韵和勃勃生机，既有我国古代艺术的"汉唐气派"，又裹挟着西方艺术的抽象、抽离。正如吴为山在书的前言中所说："出走是历史语境，而回归，则是文化自觉。真正能够在东西方文化

之间自由穿行者，实现相生相应，尤为难能可贵。"

　　结合自己的创作实践，袁先生还就"美术教育走中国之路"进行执着的探索。他在书中说：中国美术的基础教育，"必须回到以自己本土文化为根基的审美上来"，"因为学生的第一口奶很重要"。"如果我们培养的学子根本读不懂云冈石窟、麦积山石窟的造像，读不懂敦煌的壁画，传承都谈不到，何谈发展？哪来的文化自信？"

　　先生的画，耐人寻味。

　　先生的话，振聋发聩。

抓住根本

刘伟《产权通论》

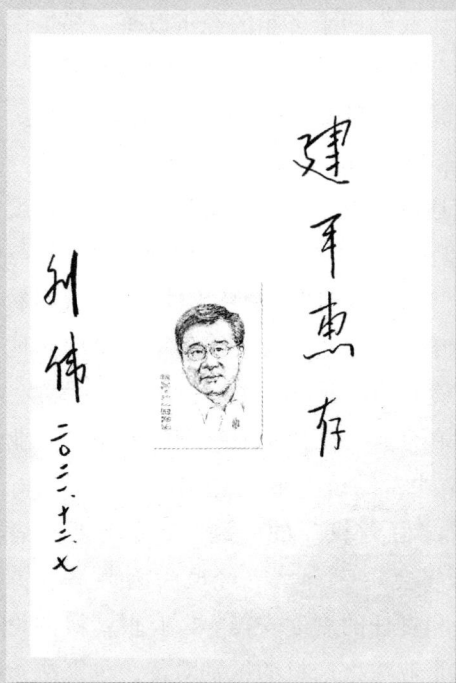

建军惠存

刘伟
二〇二三·十二·七

当年曾被誉为"京城四少"之一的刘伟，是经济学界的稳健派，学术站位端正，学术风格严谨，不虚言、不妄言、不媚俗。

2004 年我在北京大学经济学院做过一年访问学者，他当时任院长，也是我的指导老师，我囫囵吞枣地阅读了他不少著作，受益匪浅。这对我以后从事企业管理工作打下良好基础。

这本《产权通论》，是我在企业工作时，反复阅读的著作，尤其是《产权与市场》《产权与企业》《关于中国国有企业产权制度改革的考察》几个章节，与工作实际结合起来读，颇多教益。

我们所有的经济生活，我们所有的经营行为，都离不开产权关系这个根本。我们四十多年的经济改革，都是围绕着产权关系这个轴心在变革。我们市场经济体制的建立，我们现代企业制度的诞生，都离不开产权关系的清晰界定。也可以说，产权关系，就是市场经济的牛鼻子。

读懂读通《产权通论》这本书，弄清楚"产权与制度选择的历史逻辑""产权与市场的互相匹配原则""产权与企业制度安排的基准""产权与国家的特殊悖论"，就容易抓住经济工作的牛鼻子，就会更自觉、更清醒、更深刻地推动市场经济制度的确立和国有企业改革。

本书在"中国国有企业向现代企业制度转换中的企业产权治理结构"一节中，结合企业治理结构，对解决好"所有权""支配权""经营权"的问题，对划分所有者（股东）、支配者（董事会）、管理者（经理）、使用者（工人）相互权利、利益和责任的制度安排等，有很精辟的论述。对企业所有权和企业法人产权的区别对待，也警醒指出："在产权界定上，不仅所有权，而且企业法人产权（对不属于自己的资产的市场支配权）等均需界定清晰，否则不仅会发生种种侵权、种种外在性导致市场失灵，而且会使权利脱离相应的责任约束，导致秩序混乱。"

　　虽然这本书有厚度、有深度，读起来费劲，但确实值得耐心啃一啃。

利益是底层逻辑

王伟光《利益论》

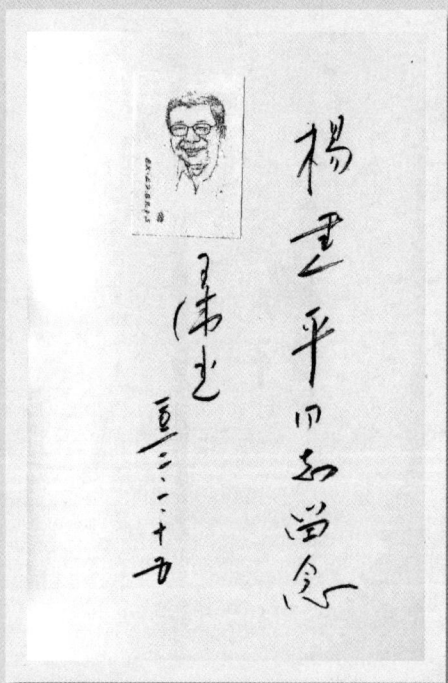

王伟光同志，早年毕业于北京大学，是哲学博士。长期在中央党校、中国社会科学院担任领导，学而优，仕也优，著作颇多，只可惜个子太高，未能"著作等身"。

他的著作，我最喜欢《利益论》和《社会矛盾论》。我没有问过王伟光同志，是否受毛泽东的《矛盾论》《实践论》启发。但我读这两本书时，常常会想到《矛盾论》《实践论》。

我自己实际体会，许多社会现象，许多工作问题，看起来纠缠不清，但其实质都离不开三个字：理、利、力。

理，是道理。凡事道理讲不通，就不能赢得人心，就不能"大行其道"。凡事都要讲清道理、讲明政策。道理是飘扬的旗帜。

利，是利益。凡事都牵涉利益纠葛，利益摆不平，有理也难行通。有时候，"道理"往往还打不过"利益"。利益是底层的逻辑。

力，是力量。凡事都有动力、有阻力、有压力，如何广泛调动积极性，如何聚集力量，如何化解矛盾、减少阻力，是解决问题、办成事情的关键。力量是实力的较量。

这次细读王伟光的这本《利益论》，让我有相见恨晚之感慨。作者从历史到现实，从理论到实践，对利益范畴、利益实质、利益分类、利益矛盾、利益作用、利益群体、利益协调等问题，进行全面考察论述，有许多精辟独到的见解。

书中结合我国社会主义初级阶段的基本经济关系，就社会利益差别和利益矛盾的基本运动规律、利益群体的构成和基本特征、利益差别和利益矛盾的协调等，展开研究论述，并提出正视利益差别和矛盾、重视利益差别和矛盾、协调处理好利益和矛盾，促进协调发展，构建社会主义和谐社会。

利益问题，是一个重大的现实问题，同时也是一个严肃的哲学问题。

利益问题是一个必须说清楚，而且可以说清楚的重大课题。

搞市场经济，必须高度重视研究和处理好利益问题。

搞清楚利益问题，不妨从读《利益论》开始。

期货真谛

姜洋《发现价格》

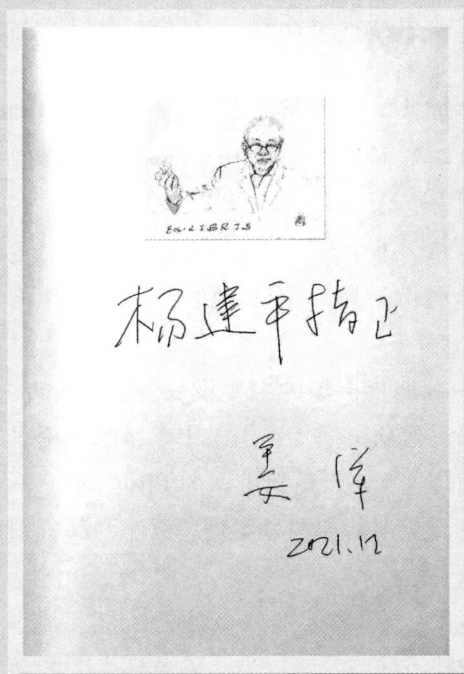

杨建中指正

姜洋

2021.12

期货，在我早年的认知中，那是一个与"投机""赌博""风险"联系在一起的词。就像长辈交代我"千万别去打麻将"一样，我也交代自己：千万别碰期货。

随着改革开放，我国又开始开设期货交易所，我才开始知道期货"也有发现价格、分散风险、助推经济发展"的正向作用。

那时看着媒体上关于期货的报道，我也只是一知半解，雾里看花。

期货于我，"仿佛远处高楼上渺茫的歌声似的"。

后来由于工作岗位调整，要直接接触一些期货品种，我才开始学习期货的 ABC，算是能听懂汇报、看懂材料。

在学习过程中，我才知道中国期货界有个"既是高官又是学者"的姜洋，人有风度口才好，书也写得呱呱叫，不由得心生仰慕。

当了全国政协经济界委员后，有幸认识同在经济界别的中国证监会副主席姜洋同志，他当年满头"有型有款"的黑发，如今已是霜染沧桑，且呈现稀疏趋势。

我请他给我一本签名书学习，不几天就收到他的《发现价格——期货与金融衍生品》。看到他客气地写着"指正"，吓得我一头"热汗"。

姜洋委员是新中国期货市场的主要设计者、建设者、监管者之一，这本书是他从事期货工作二十多年的理论思考和经验总结。特别是这本书，是从讲课的 PPT 开始，不断完善升华而成，所以全书的架构、案例、语言，都特别鲜活。

那些让人望而生畏、一头雾水的"金融衍生品"，被作者讲得幽默风趣，津津有味；曾经以为"险象环生"的期货市场交易，被作者描述得活色生香，仿佛近在咫尺。

美国芝加哥商业交易所集团终身荣誉主席利奥·梅拉梅德，在这本书的序言中说：中国业已进入经济发展方式的转型关键期。中国的领导人筹划实施了从以制造业为主的出口导向型经济体制向以内生增长为动力的消费驱动型经济体制的转变。当此转型开始，绝对要认识到期货对于资本市场发展的作用。这本书将会提高人们对期货的认识。

认识风险，防范风险

刘尚希《公共风险论》

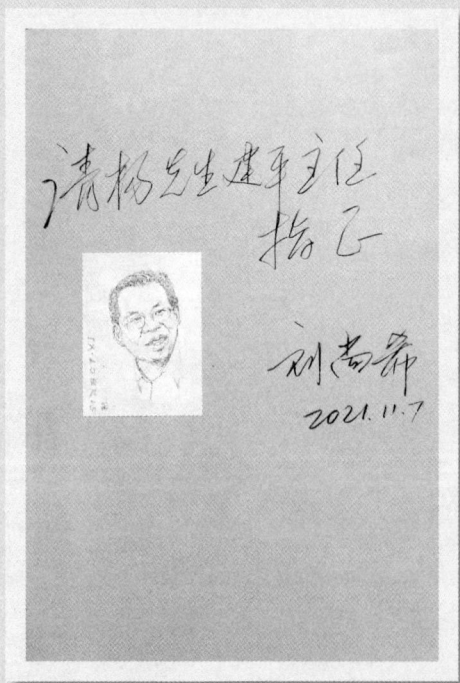

刘尚希先生，是中国财政科学研究院院长、知名财政专家。

在认识他之前，我已经看过不少他发表的财政经济方面的文章。

参加全国政协会议，近距离接触认识后，我觉得他在座谈发言时表达的见解，比书里读到的更丰富、更鲜活、更接地气。

他的这本《公共风险论》是一本厚书，我用很长时间才读完。书中知识的丰富性、理论的完整性、见解的独到性、对策的针对性，使我又一次对他刮目相看。

书中分析判断：现代社会是一个充满风险的社会，除了自然风险以外，社会经济运行过程中产生的风险日益成为我们生存与发展的最大威胁，而且这种经济运行过程的风险，对人类社会生存与发展的威胁，大大超过自然界风险。

针对互联网产业、数字产业的快速发展，作者指出，这在提高效率的同时，却使经济运行的稳定性大大降低，局部风险演化为全局性风险的速度在加快，甚至用"突发"二字都不足以形容。

书中从公共风险的角度，分析市场化改革，并指出，市场化改革的过程，就是试图通过制度选择来逐步明晰风险、分散风险，使社会经济运行中的风险，通过市场机制来动态地化解，从而防止风险累积，降低整个社会经济系统的风险。从这一分析框架出发，作者进而提出"从公共风险角度判断改革的学术标准"：是否有利于防范和化解公共风险。如果是，则改革是正当的；如果不是，则改革不具有正当性。

当然，书中最大篇幅，还是论述公共风险、财政风险和债务风险，财政改革、财政治理和国家治理，这一部分内容翔实、专业、扎实，体现出刘先生的看家本领。

服务业的新功能

宁吉喆《新常态下的服务业》

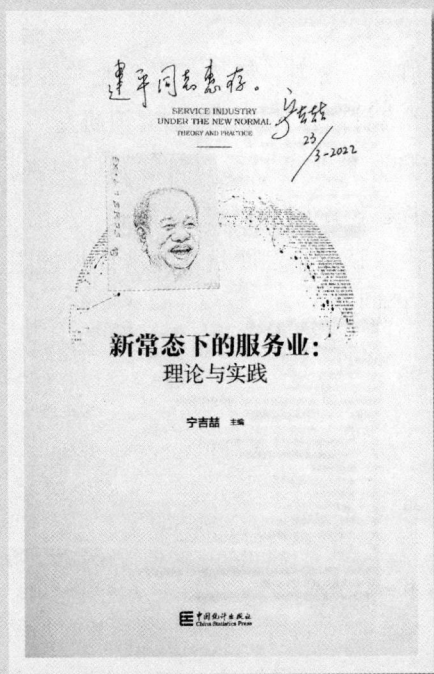

近几年，我国服务业迅速发展，已经对国民经济发展和经济结构调整产生深刻影响。有专家说，服务业是减轻经济下行压力的"稳定器"，是促进传统产业升级的"助推器"，是孕育新经济、新动能成长的"孵化器"。

曾经担任国家发改委副主任、国家统计局局长的宁吉喆先生，主编的《新常态下的服务业》，是一本研究总结我国服务业发展的权威著作。

书中对服务业发展理论的演变轨迹有清晰的勾勒，对新阶段服务业发展与经济增长、服务业发展与稳定就业、服务业发展与供给侧结构性改革、服务业发展与工业转型、服务业发展与新型城镇化、服务业发展与新经济等现实问题，进行了深入细致的调查研究和系统总结，其间有大量的案例和数据。

对于服务业的发展前景、潜力、趋势，服务业发展的统计评价，书中也都做了有针对性和操作性的对策研究。

书中附录的十个来自服务业第一线的典型调研报告，既是本书主题的支撑，也是本书主题的延伸和扩展。

读完此书，我深刻感到服务业发展是新经济成长的主要源泉，是新经济发展的领头羊！

学好 ABC

孙毅彪《学亦有益》

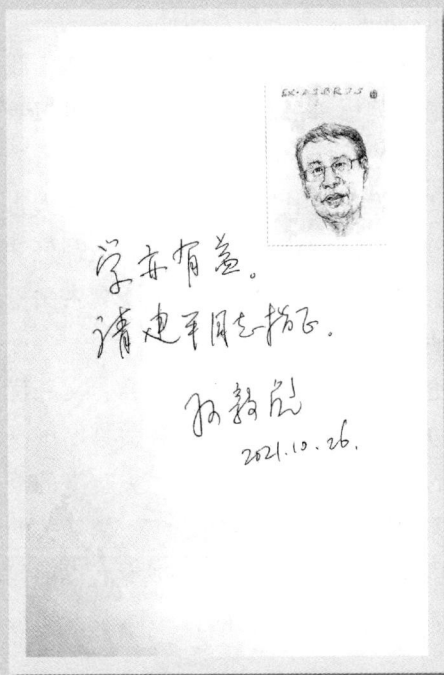

学亦有益。
请建平用之指正。

孙毅彪
2021.10.26.

读初中时，我们农村学校没有外语老师，干脆就不开外语课。到了高中才开始学习 ABC，教我们英语的老师是学俄语出身，他教得认真，我学得卖力，成绩却很不理想。恰好，那时又发生了"马振扶事件"，"我是中国人，何必学外文，不学 ABC，也当接班人"，这句话成了我们不学英语的"护身符"。

此后，学习英语就是应付考试。

现如今，我说得最好的英语就是"My English is poor"（我的英语很贫乏）。

所以，看到英语好的人，我就自觉"矮人三分"。

国家海关总署副署长孙毅彪同志，签名给我他的著作《学亦有益》，我一看是他历年来用英文写作的文章、用英语发表的演讲，立马肃然起敬，只差俯首叩拜。

好在书里他把英文又翻译成中文，中英对照排版，我虽看不懂英文，不知道他英语水平高到哪里去，但可以看懂他的思想内容。书中除海关业务外，还涉及政治、经济、外贸、环保、科技、文体等，其中《贸易保护主义害人害己》《跨境电子商务新政出台》《亚投行与中国在全球经济中的角色》《人工智能给我们带来新的启示》《千秋古关沧桑巨变》等文章，都使我受益匪浅。

其中《千秋古关沧桑巨变》一文，知识丰富，文辞优美，我尤其喜欢。里边专门写到我老家的函谷关是中国汉代西北陆上丝绸之路的起点，函谷关上汉代"关"字的篆体瓦当，就保存在海关博物馆，成为镇馆之宝，函谷关的关令尹喜，是史籍最早留下姓名的"关长"。这是我以前闻所未闻的新知识，我高兴地分享给我的许多同乡，觉得"与有荣焉"。

电影的多维思考

侯光明《拾光影记》

光明兄与我都是河南人,在北京各自奔忙,多年竟然不认识。直到年逾花甲转岗到全国政协后,才相见恨晚。

他原本在北京理工大学研究组织管理系统科学并担任学校领导,2011年跨界到北京电影学院任党委书记,一干就是十年。

这十年,他发挥自己组织管理系统科学的专业优势,从系统学的角度对电影行业进行整体观察和系统研究,反而有许多新思维、新观点、新成果。

《拾光影记》一书,就是光明兄十年跨界研究的文章汇集。

书中分"求索之光""传承之光""匠心之光""育人之光""发展之光""理想之光"六个部分,分别就电影理论、电影文化、电影创作、电影教育、产业发展、电影强国等展现自己的所思、所想、所悟。

书中的文章都不长,但却处处体现作者的站位之高、视野之宽、思考之深、表达之准。

书中有一篇《时代呼唤文化大片》,只有区区五千字,却能在历史和现实的交汇综述中提出:电影发展到今天,迫切呼唤具有深刻文化意义、对民族历史进行深入思考、对人性真善美进行审视的"文化大片",并对"文化大片"的独特品格和审美体系概括为五大要素:符合主流价值、弘扬民族文化、秉承时代精神、顺应大众需求、展现国家形象。对怎样引导创作文化大片,作者也提出"以艺术性为前提、以商业性为保障、以专业性为基础、以创新为动力、以品牌为载体"的主张。可谓直击要害、只捞干货的大家风范。

当然,书中最具学术价值和理论创新的,还是他提出的"中国电影学派"及其理论体系建构。可惜我只是一个热爱看电影的人，对电影理论所知甚少。以一个门外汉的角度看，书中提出的中国电影学派的三个内涵及其推动中国电影学派体系建构的三个规划构想，书中对中国电影学派的民族气派、国际视野、开放格局、高度包容等内容的论述，我都觉得耳目一新。

不论是内行的看门道，还是外行的看热闹，我觉得光明兄这本《拾光影记》，都值得一阅。

转型与成长

支树平《转型时期企业家
成长的制度环境研究》

支树平同志原来是我的领导的领导，基本是他讲话，我鼓掌，他指示，我照办。

虽然隔着层级，但他对我们这些年轻人还是客气温和，给我们留下的是一个宽厚长者的印象。

他生于煤矿，下过矿井，曾经长时间从事企业管理工作，后来走上领导岗位，也一直关心企业家队伍成长问题。

他的《转型时期企业家成长的制度环境研究》是2005年出版的旧作。书中选取企业家成长的制度环境这一角度，从政治、经济、文化多维度研究企业家成长环境，提出了自己的新认识、新观点。

他在书中特别强调企业家的社会属性和职业特征，认为企业家是自然人、企业人、社会人以及自然属性、职业特征、社会本性"三位一体"的统一。

书中在对经济制度环境与企业家成长的关系分析中，提出企业家市场的完善程度是企业家成长的直接条件；技术的工业化、经济的市场化、产权的社会化是企业家成长的根本原因。书中特别注意文化制度环境的分析，大胆提出社会财富观念，对企业家成长的潜在影响心理刺激作用。

企业是国民经济的微观主体，企业家是市场经济中企业的灵魂和核心，企业家的所作所为，是企业成败兴衰的关键。只有大批的、优秀的企业家成长起来，我们的市场经济才能繁荣兴盛。

我们现在、未来，都要高度关注企业家队伍建设和企业家成长环境完善。

城市看海为哪般？

王光谦《世界都市之水》

Ex·LIBRIS

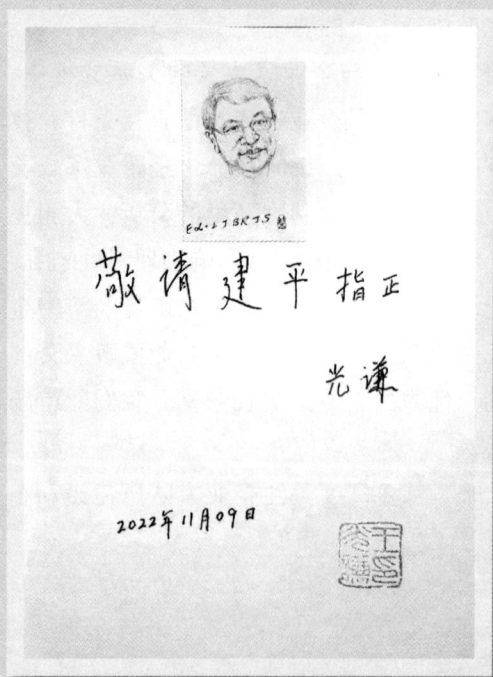

Ex·LIBRIS

敬请建平 指正

光谦

2022年11月09日

王光谦教授，是中科院院士、清华大学副校长。

2016 年参加青海经贸投资洽谈会时，我们刚好坐一辆中巴车，他那时还是青海大学校长。车上听他讲述自己研究的"天河项目"，使我耳目一新。我此前知道地表水、地下水的相互关系，但还没有听过地表水、地下水、天上水的互联互通，更不知道通过人工干预，天上的水也可以按照人的意志聚散、飘移、流动。

此后，到全国政协，我们又同在人口环境资源委员会，接触多了，又攀上了"老乡"，于是乎"称兄道弟"起来。

他签名送给我《世界都市之水》这本书时，特别说："这本书是每一位市长都应该读的书。"

我读完之后，才知道此言不虚！

我国目前有大约 9.6 亿人口生活在城市里，但全国 600 个大中城市就有 400 多个城市缺水，其中严重缺水的有 110 多座城市。同时又有一些城市建设重视地上工程、轻视地下工程，造成汛期排洪不畅，雨季时，不少城市轮番上演"城市看海"的"喜剧"。还有的城市出现水源污染、生态破坏等情况。

水利是城市的生命线，是城市历史文化的轨迹线，更是支撑现代城市物质与文明发展的重要基础。抓好城市与周边流域的水利安全保障，已是当好市长的首要责任和第一难题。

这本书选取了全球二十个有代表性的大城市进行梳理研究，重点介绍城市基本情况、水资源供需保障、节水与生态环境治理、洪涝灾害防治、地下水保护修复、城市水保护修复、城市水的智慧管理等经验。

书中对每一个城市的水资源管理工作都有独到的分析、

总结、点评，经验、教训、缺陷，不分中外，一一指出，全书呈现出严谨中肯的风格。

特别是翻阅到书中关于郑州"洪涝防御安全保障问题与建议"一节，看到：

> 郑州防洪标准低，城市看海现象依然可见，建议提高防洪工程建设标准，优化防洪河道和管线布局，提高防洪排涝能力。
>
> 郑州防洪工程单打独斗现象依然存在，建议防洪工程建设与海绵生态城市、河湖水系连通遥相呼应，纳入城乡一体化建设，共同促进人水和谐。
>
> 郑州防洪工程非工程措施有待进一步完善，建议建设高水平洪涝灾害预警预报系统，做好洪涝灾害应急处置预案。
>
> 郑州防洪现代化系统有待更新换代，建议加快建设郑州智慧防洪系统，纳入智慧水利中，实现防洪快速监测、传输、智能决策及防洪智慧服务。

书中 2020 年的警示，不幸在 2021 年 7 月成为现实伤痛，郑州发生严重洪涝灾害，因灾死亡失踪 398 人，直接经济损失 1200 亿元。

水之殇，是每一个郑州人的隐痛，也是每一位市长的"镜子"。

如今在位的每一位市长，真的应该看看这本《世界都市之水》。

长壁开采的奥秘

何满潮《长壁开采 N00 工法
设备系统》

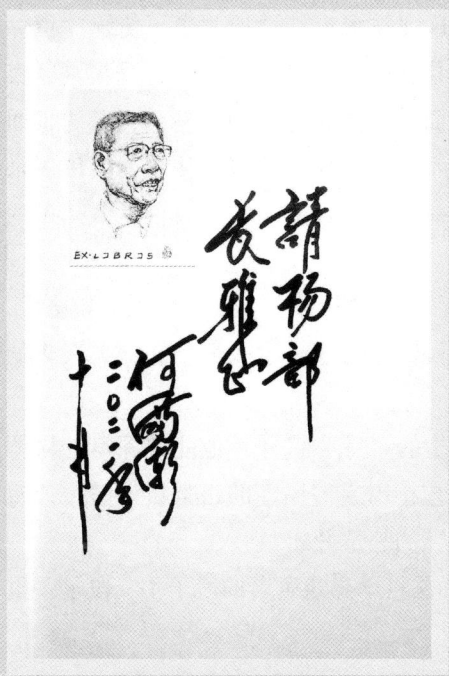

EX·ㄴㄷBRㄷ5

满潮兄，是岩体力学大咖，也是我认识的第一个中科院院士。见他总觉得他的头顶似乎有光环，他讲什么我都洗耳恭听。

他对岩体力学的研究著作，我看得似懂非懂，但他签名给我的《长壁开采 N00 工法设备系统》一书，因为我们单位的钾矿试图引用这一工法，我组织团队认真学习，并带队到他的实验室拜访，聆听他的讲解。我还随他到采用N00 工法的煤矿进行了实地考察。

越深入学习，越觉得 N00 工法对采矿工程的变革和贡献是巨大的。在提高资源利用、提高开采效益、提高安全生产等方面，是一次革命性的发明创造。

N00 工法是由何院士 2016 年提出并在陕煤柠条塔煤矿完成工业性试验的。这项技术创造性地改变了传统"留煤柱开采和充填沿空留巷开采"的巷道布局和开采模式，实现了边采煤边在工作面后方形成一条回采巷道，取消了回采巷道掘进，结束了人和机器开挖巷道的历史，结束了采矿中最危险的工种——掘进工种，挽救了成千上万矿工的生命。

随着理论的深入和实践的探索，N00 工法也不断迭代，目前已经和物联网、大数据融合，进入智能化、无人化的新阶段。

我尤其佩服何院士的智慧和口才，他能把深奥的岩体力学和复杂的采矿工艺，用通俗风趣的语言讲清楚，让听者常常有"原来如此"的豁然开朗。

我曾戏语他："你是科学界最著名的段子手，段子手里最厉害的科学家！"

EX·LIBRIS

学好新发展理念

马建堂《新发展理念是新时代经济工作的根本指针》

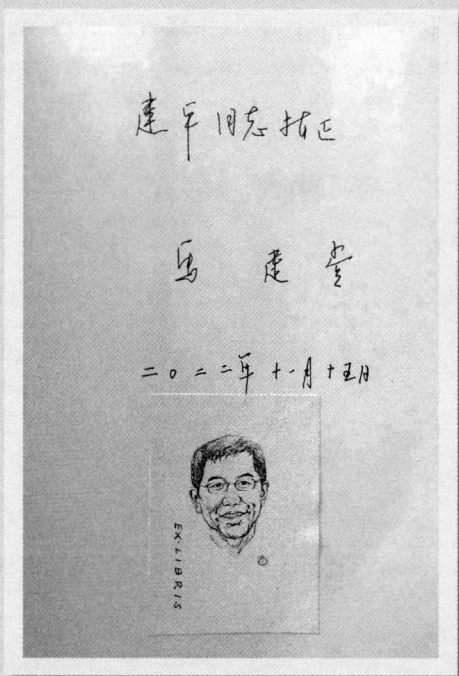

建平同志指正

马建堂

二〇二二年十一月十五日

EX·LIBRIS

马建堂同志是经济学博士，担任过副省长、国家统计局局长、国务院发展研究中心党组书记等重要职务。出版过许多经济学著作，1996年就获得孙冶方经济科学奖。

　　这本《新发展理念是新时代经济工作的根本指针》，是围绕习近平总书记新发展理念的论述所进行的深入解读。通过对新发展理念的重大意义、丰富内涵、践行路径等一系列理论和实践问题的论述，深刻阐释了新发展理念是推动经济社会发展的科学指引。

　　书中关于"中国经济长期稳定发展的潜力来自何处""建设高标准市场体系与构建新发展格局""保障产业链安全为构建新发展格局提供支撑""从国际视角看我国制造强国建设"等问题的论述，给人启发多多。

　　对从事实际经济工作的同志，本书在破解发展难题、增强发展动力、厚植发展优势等方面，将会起到借鉴与参考作用。

站在门槛张望

杨卫（等）《力学导论》

我和杨卫结识，纯粹是沾了都姓杨的光。

他出生于清华校园，自小在大教授扎堆的环境中长大，我出生于黄土高原，自小在鸡飞狗跳中长大；他是知名"固体力学"专家、中科院院士、浙江大学校长，我只是一个粗通文墨的机关干部；他又高又壮，绝顶聪明，我又瘦又小，满头白发。妄称杨家兄弟，实属高攀。

他签名送我的《力学导论》，厚重而精装，我看得很认真，好多地方没有真懂，但自以为收获很大。书的引言说这是一本力学的入门书，我虽不敢说"入门"，但也至少是站在"门槛上"向门里面张望了许久。

张望之下，我知道了力学的基础作用、力学的桥梁作用、力学的交叉作用、力学的量化作用；也知道了"牛顿力学""拉格朗日-哈密顿力学""连续介质力学"及其理论力学与应用力学的分离；还知道了"飞行器力学""机器人动力学""微纳力学""材料力学""工程力学""流程力学""制造力学""生命力学""信息力学""社会力学"等闻所未闻的新知识。

这虽是一本教科书，但书的设计编排充满创新的趣味，有"史"的清晰脉络，有"论"的严谨逻辑，还有"展望"的奇思妙想。有许多经典故事、典型案例，使严肃的力学读起来引人入胜；有不少精彩插图、精准描述，使晦涩的科学原理变得好读好懂。尤其是书中把高深的力学理论，结合到我们身边的生活场景进行论述，让人有亲近感。

比如，在涡流统计理论的章节中，引用了著名印象派画家梵·高精神崩溃之后的《星月夜》，说其中表现的"涡流般的星系流动，光与暗的变化，和柯尔莫哥洛夫等人的-5/3定律有着惊人一致性"。

在结构力学部分，书中以美国"9·11"恐怖袭击事件为案例。世贸中心双子塔大厦顷刻坍塌，书中运用结构力学分析说："两座双子塔大厦的倒塌并不完全是由于飞机撞击的结果，而是由于撞击后发生火灾，大楼的钢骨架在火焰高温下软化，最终承受不住撞击点上方的重力而轰然倒塌的。"书中进而指出，大量使用钢材的建筑有一个致命弱点，就是怕火，钢材遇到高温会变软，丧失原有强度。

在运动力学部分，书中引用了轰动一时的"华南虎照片"事件，介绍了国防科技大学对照片中的老虎进行三维重建，发现照片中老虎面部、躯干、四肢等部位的测量特征点，在空间中基本分布于与像面平行的同一个平面上，换算到空间中，从虎头到虎臀的长度最多只有十厘米，这不符合实际老虎的三维立体结构特点，因此可以证明照片中的老虎是假的。

在高铁动力学部分，书中特别就全世界几次大的高铁事故进行分析，包括 1998 年 6 月 3 日德国城际快车脱轨事件，2001 年 1 月 14 日日本 JR 山形新干线"翼 102 号"列车与一个轻型货运列车相撞事故，2011 年 7 月 23 日浙江温州境内 D3115 列车发生的追尾事件。对高铁的可靠性，书中用了一个词——血染的理论，让人感慨科学进步的艰难代价。

相比于全书的丰富有趣，我以为书的引言和结束语更值得反复读。这是对力学科学高屋建瓴的论述，也是对力学未来指点江山的展望，是理解读懂全书的"金钥匙"。

跨越中等收入陷阱

郑之杰《中等收入陷阱》

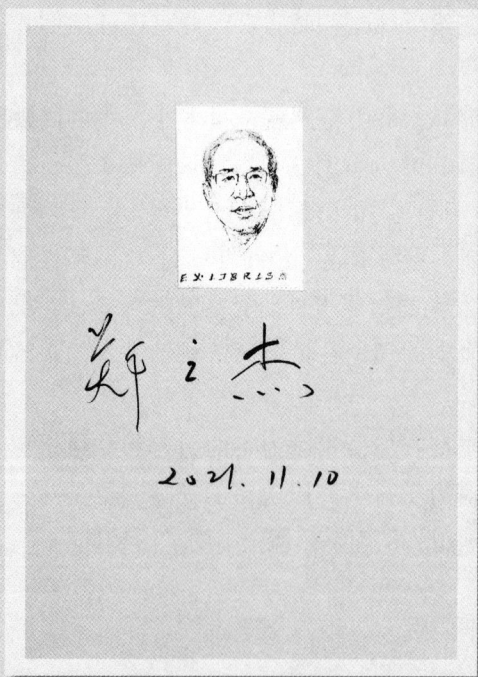

郑之杰

2021. 11. 10

国家开发银行行长郑之杰先生，与我隔着一条长安街办公，他在长安街南侧，我在长安街北侧，隔路遥望许多年，也没有私下接触。

直到全国政协第十三届委员会，我们都在经济界，每年才有几天同吃一锅饭、同睡一座楼、一起遛弯侃大山的机会。他的低调、严谨、朴实，让我印象深刻。

他的这本《中等收入陷阱——基于经济转型与社会治理的理解》，是我看到的第一部系统论述中等收入陷阱及其社会治理的著作，也是我用心细细阅读的话题沉重、内容厚重的书之一。

书中从中等收入陷阱概念的由来、中等收入陷阱的经济学分析、中等收入陷阱的社会学分析开始入手，层层推进，提出"中等收入陷阱的实质是，一个国家在从低收入阶段跨入中等收入阶段之后面临的经济与社会转型的双重困境。而要跨越中等收入陷阱的关键在于如何实现经济与社会的双转型，建立与中等收入阶段相匹配的经济增长模式和社会结构与体制"。

书中还结合欧美发达国家、日韩东亚国家、印尼等东南亚国家、墨西哥等拉美国家、苏东转型国家的经验教训，提出"中等收入阶段和高收入阶段需要不同的社会条件，那些在中等收入阶段可以支持经济高速增长的社会条件，往往无法支持高收入阶段的经济增长。因此，中等收入陷阱既是一个经济转型问题，也是一个社会转型问题"。

作者重点分析论述了中国在中等收入阶段面临的问题与挑战，并提出跨越中等收入陷阱，需要提高哪些经济治理能力和社会治理能力，并特别指出，"政府角色转型是跨越中等收入陷阱的关键"。

城市化热的冷思考

单霁翔《从"功能城市"走向
"文化城市"》

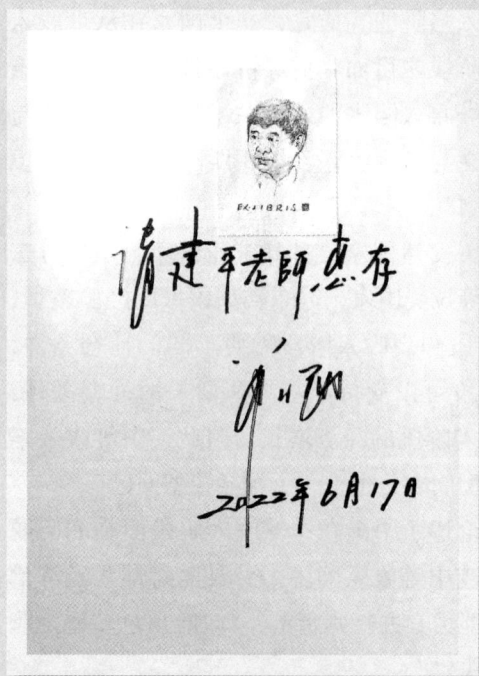

北京故宫博物院内容博大精深，我去过几次，但从没有看够，也没有整体了解。

真正的全面了解，还是听了单霁翔先生的专题报告。

那时我们一起在中央党校学习，学校组织学员，让单先生做了一次报告。

他面对学员，根本不看 PPT，侃侃而谈，如数家珍，把沉醉六百余年的故宫讲述得鲜活、生动、有趣。他把故宫放在中华文明的坐标上讲述，脉络清晰，细节丰富；他把故宫放在全球视野内观照，评判价值，彰显特色；他把故宫放在文化市场、旅游市场中分析其文化价值和经济价值，别开生面，耳目一新。

听完那场报告，同学们都对故宫神往不已，也都对单先生肃然起敬。有同学说他是最好的故宫博物院院长，也是故宫博物院最好的营销大师！

这本《从"功能城市"走向"文化城市"》，是单先生近年来对城市文化问题研究的新成果。

进入 21 世纪后，全世界已经有一半以上人口生活在城市。我国也随着城市化程度提高，进入城市化的"黄金发展期"。

但也毋庸置疑，现实中不少地方出现了"城市化急躁症"，作者在书中提出担忧和警示，呼吁在推进城市化进程中，要做到八个避免：一是避免城市记忆的消失；二是避免城市面貌的趋同；三是避免城市建设的失调；四是避免城市形象低俗；五是避免城市环境恶化；六是避免城市精神的衰落；七是避免城市管理的错位；八是避免城市文化的沉沦。

书中对城市文化遗产保护与文化城市建设、城市文特色塑造与文化城市建设、城市文化理想升华与文化城市建设等重大问题进行研究思考，提出从功能性城市走向文化城市的战略方向，并就其发展路径做出辨析。

联合国助理秘书长沃利·恩道在为《城市化的世界》一书所写的序言中说："城市化极可能是无可比拟的未来光明前景之所在，也可能是前所未有的灾难之凶兆。所以，未来会怎样就取决于我们今天的所作所为。"

让我们的市长们记住这句话吧！

高手过招　大腕飙戏

钱颖一《钱颖一对话录》

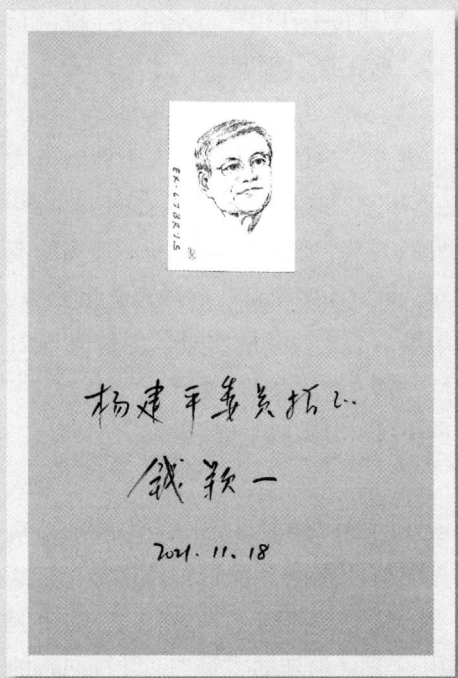

杨建平兄惠存

钱颖一

2021.11.18

钱颖一是清华大学经济学院院长、著名经济学家，著作多，获奖也多。

但我最喜欢的还是他这本《钱颖一对话录》。

这是一本充满才气、张扬个性、体现跨界、闪烁智慧的书。

读这本书，犹如看高手过招的武林大会，抑或看华山论剑的武侠小说，大开大合，跌宕起伏，快意恩仇。两个字：过瘾！

读这本书，好似看明星大腕飙戏，张弛有度，活色生香，思想的深度、神采的飞扬、表达的鲜活，一切皆有！

钱颖一，在多所大学任教，有丰富的教学经历和新颖的教学理念。

开设"院长对话"，是钱颖一在担任清华经济学院院长时进行的一项教学改革，意在探索创新型人才的培养方式和路径。

他作为主持人兼主讲者，邀请全球知名人士到清华大学与他共同为学生上公开课。有双人对谈，有多人对谈，话题相对集中，思维发散开放，形式随机应变。现场的清华学生，可以边听边问，可以质疑争辩，共同教学相长。

这本书就是他二十场对话式教学的实录，也是他与21世纪世界级创业家、投资家、跨国公司 CEO、文学艺术家、教育家的知识交汇、思想碰撞、智慧交锋。

全书分三个部分：

第一部分，围绕创业问题，钱颖一先后与埃隆·马斯克、马云、马克·扎克伯格、彼得·蒂尔、马化腾、布莱恩·克比尔卡、张首晟、饶毅、汤晓鸥、张一鸣、沈南鹏进行了八场对话。集中讨论"创新的本源""科技创新的大未来""逆向思维之道""在硅谷谈创业""成长史与创业经""科技驱动成长""80后的创业时代""中国创业投资的黄金时期"等话题。

第二部分，围绕创新问题，钱颖一与蒂姆·库克、劳尔德·贝兰克梵、萨提亚·纳德拉、罗睿兰、鲍达民、布莱恩·罗伯兹进行了八场对话。涉及的话题有"不求最早，但求最好""从历史中学习""增长型心智模式""人类将进入认知时代""企业的价值观与社会责任""变革世界中的领导力""传统产业转型升级，创业企业二代接班""未来科技对企业的挑战"等。

第三部分，围绕创意问题，钱颖一和万方、余隆、黄延复、金铁霖开展了四场对话。话题涉及"戏剧与人生""艺术的价值""清华四哲人""走进声乐殿堂"。

作者曾说："这本对话录的精彩，不应是因为名人的聚集，而是在于内容的独到。"

读完此书，就知道它获得2021年"21世纪年度好书"实至名归。

离离原上草

陈大斌《离离原上草》

一个农业大县当代史上的5年
(1958-1962)

离离原上草

"责任田"的起源

■ 陈大斌 著

新华出版社

陈大斌老师，是新华社知名的资深记者，曾经担任新华社农村部副主任、《瞭望》周刊总编辑。他曾经长年住在农村，与农民同吃同住同劳动，对中国农村、农业、农民有深厚的感情、有深入的了解，对党的农村政策也有长期深入的研究。

当初，中国的改革开放从农村起步，是农民自发冒险搞起来的"家庭联产承包责任制"打响了农业改革的第一枪。他是当时积极为之鼓与呼的记者，是媒体界积极参与、推动农村改革的代表人物。

我认识他时，他已经退休多年。他出版的一本书《重建合作》，其中有关于"公司+农户"的内容，他在书中写道：全国第一个公开报道"公司+农户"的新闻稿子，是《农民日报》1993年10月3日头版头题的《公司+农户———一种新的经济共同体》。但他不知道，这条新闻是我在基层工作时采写的。

我的同事看到书中内容，告诉他，并介绍我们认识，言谈之中，更使我对他崇敬有加。

我刚好在一家报社当社长，就恳请他出山当我们报社的顾问。

他到报社后，对我们的年轻人，用心用意、谆谆教诲，既是老师，又是长辈，言传身教，耳提面命，使我们的年轻记者和编辑茁壮成长，也使我们的报社蒸蒸日上。

我离开报社已经十余年，但他只要有新书出版都会签名送我一本。虽然见面少，但心里那份情谊和牵挂，彼此都了然于胸。

这次新冠肺炎疫情，我在家"抗阳"，忽闻大斌老师"去也"，不觉默然泪下，遗憾竟不能送他最后一程。

近几天再次捧读他的《离离原上草——责任田的起源》，似乎又一次与他促膝谈心，音容笑貌，宛在眼前。

这本书，是一部关于"责任田"的史诗，它带着世事沧桑的哀叹；这本书，是一个农业大县的当代悲歌，它具有历史厚重感。

陈大斌老师用他那丰富的知识、深邃的目光、卓越的见识、隽永的文笔，写出了"责任田的起起落落、农民的悲欢离合、基层干部的苦难悲壮"。

读完这本书，才知道"责任田"在农村的深厚民意基础，才理解为什么"包干到户"的农村改革首先从安徽蹚开路子。

潜规则和元规则

吴思《隐蔽的秩序》

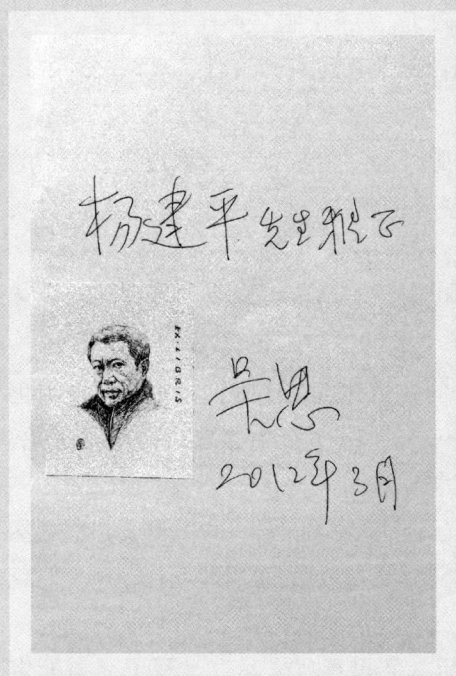

杨建平先生雅正

吴思

2012年3月

"潜规则"一词，如今人人耳熟能详，也四处套用，网络上频频爆出潜规则事件。但这个词语出自何处？发明人又是谁？

我是先读了《潜规则》这本书，才知道作者吴思；见到了吴思，才知道他的"潜规则"发现、发明，竟然与我从事的化肥买卖工作有直接关系。

吴思告诉我，他早年在《中国农民报》（《农民日报》前身）当记者，到河南开封采访，发现国家计划供应的平价化肥，本来应该与农民上缴国家的公粮挂钩销售，实际上却被某些人"批条子"买走了。他义愤填膺地写了批评报道，引起国家领导重视，商业部、中纪委、河南有关方面都发文重申制度、批评整改。可是过一段他们去回访，文件是文件，政策是政策，"条子肥"照样我行我素。他又深入采访，渐渐悟到：似乎存在一套文件、政策之外的运行逻辑或者叫规则。

我们俩就"条子肥"与"潜规则"问题进行交流，共同认为，"条子肥"最终的解决，还是靠市场的增加供应，政府退出，市场放开，农民自由购买。

看来权力的"潜规则"必须由市场的"供求规则"才能取代或者打败。

他说"条子肥"问题虽然解决了，但潜规则的现象仍在别处存在。他举一反三，从历史中梳理研究此类现象，写出另类历史著作《潜规则》。

他也没有料到自己这个"野路子"的历史著作，竟然大火，畅销一时，"潜规则"一词，也由此风行，被人们普遍接受。

《潜规则》写完后，吴思意犹未尽，又写了《血酬定律》一书，继续推出一个新词：元规则。用全新的视野、方式，阐释生命与生存资源交换的底层逻辑和最终规则。

这两本书的畅销和引发的争议，使吴思进一步思索自己对中国通史的"另类读法"，并把《潜规则》和《血酬定律》重新编选组合，以《隐蔽的秩序》为名重新出版。为了方便读者阅读，他还把自己创造的新词语、新表述，详细列表解释，附在书后。

吴思的书，无疑是另类的，但也确实是深刻的。他揭开历史书中帝王将相、才子佳人、仁义道德的面具，让人看到历史血淋淋的真实。

吴思的书，似乎缺少理想的光芒、道德的温情，但却有助于人们看清历史的多面性和社会人性的复杂性。

如果比作人体，他的书，不是艺术家笔下的"美人图"，而是医生刀下的人体解剖图。

大河长歌

马吉明《源远流长》

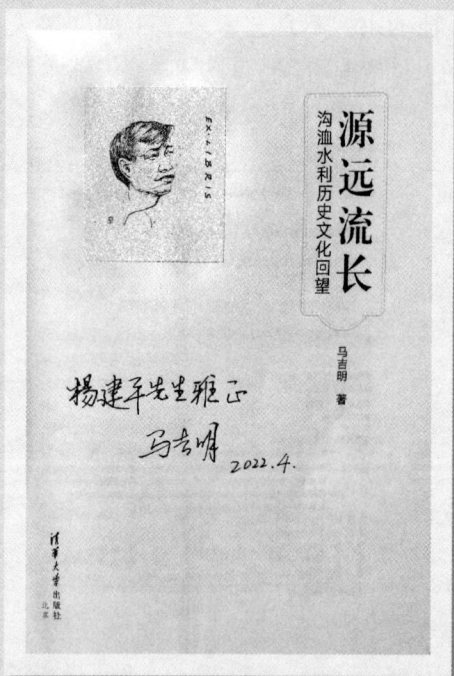

源远流长

沟洫水利历史文化回望

马吉明 著

楊建平先生雅正
马吉明
2022.4.

上中学时，语文课本上有郦道元的《三峡》，老师讲到这篇文章选自郦道元的《水经注》。周末老师还带着我们去附近的黄河三门峡水利枢纽参观，老师怕我们混淆三门峡和三峡，说："同学们一定要分清，一个在黄河，一个在长江。一个有门，一个没有门。"

三门峡和三峡，这两个地名由此便深扎在我的心底。一看到这样的字眼，我立马就高度关注。

晚上刷微信朋友圈，看到有人发了一个叫"从清口到三门峡"的帖子，我立马睡意全无，捧着手机一直熬到深夜，把三万字的内容看完，还觉得意犹未尽。

第二天又仔细看一遍，才知道这是从一部叫《源远流长》的书里摘编的节选。

我觉得窥"一斑"还未知"全豹"。

于是顺藤摸瓜，通过朋友找朋友，终于通过志民兄联系到作者马吉明教授，求来作者签名的《源远流长》一书。

通读全书，我惊讶于作者对水利科学、水利历史的深厚功底，敬佩作者实地考察、钩沉细节的严谨深入，喜爱作者构思谋篇的大开大合，欣赏作者用行云流水的散文笔法夹叙夹议，把水利历史文化写得荡气回肠。

书中从永定河写起，将黄河、淮河、大运河、济水、晋水、都江堰、郑国渠、秦渠、运渠、红旗渠、三门峡大坝、小浪底水利枢纽等熔为一炉，以水利为主线，以历史文献和实地走访为两翼，综合政治、经济、军事、文化等社会因素，展现出一幅幅生动的水文历史画卷。

作者从朝代兴衰、军事胜败、政权稳定、百姓福祉等高度，观照水利工程和治水成效，对历史上知名的治水人物、治水理论、治水工程的成败得失一一评点，经验总结精准而有分寸，教训揭示沉痛而有深度。

书中常常会看到"写到此，我得写点感慨"的话，这往往是作者按捺不住的"兴叹"，且大都是精彩的肺腑之言。

比如，对黄河三门峡水利枢纽工程，作者写道："我读三门峡水库的意义，读出的只是社会上的、公益上的，有巨大的防洪、防凌、供水等社会效益，即或是众人纷纷诟病三门峡水库的今天，其防洪作用也无可替代，后修的小浪底工程规模虽然更大，但没有三门峡水库做基础、做支撑，其构建的防洪开发目标将不成立，这是以数据做支撑得出的科学结论。以这样的眼光来看待三门峡水库，其'必要性'，即使在今天也没有什么可怀疑的地方。"

在谈到黄河三门峡水利枢纽的教训时，作者又说："如今有人把责任推诿给苏联人，说苏联的坝工专家不懂河流泥沙，不懂河流的复杂性。虽说当时的中苏友好是一段特殊的历史时期，但是自己当家做主人，三门峡水库上马有完备的法律程序，自己的责任自己负，怎好'甩锅'给人家？"

书中在审视分析特殊年代的黄河花园口枢纽工程、山东位山枢纽拦河大坝、岷江鱼嘴电站三个短命而失败的水利工程时，沉痛地写道："我们有了移山填海的本领，就忘了大自然所具有的强大威力。""自然，不是太好改造的，在尊重自然的基础上利用自然，才是合适的态度。""能够吸取历史的教训，才是历史的价值。"

在引述清代知名河道总督康基田所编纂的《河渠纪闻》时，作者感慨："今人做事只为稻粱谋，这些积累了古人智慧和历代知识沉淀的书，如今成了故纸堆……问题是，现代科技的长足进步，却弥补不了历史缺位带来的遗憾。古人虽没有今人知识多，但智慧当不比今人低"，"不涉及社会史、文化史、思想史、技术专史，古人的智慧与认识很难为后人所知所用"。

书中对历史上许多治水故事和治水人物的介绍和描述也颇有新意。通过秦皇、汉武、曹操、刘秀、朱元璋、康熙等治国治水的故事，引申出"中国历史上雄才大略的皇帝都非常重视农业与水利""中国历史上基本经济区的形成，与水利事业有重大关系"的观点。作者还引用了英国哲学家罗素的话："在探索历史因果关系时，基本的研究乃是水文地理。"

水是生命之源，人类及社会因水而立、因水而兴。从上古至今，不同国家民族的生存发展，众多文明的诞生、延续和弘扬，都和水利息息相关。

知水，才能治国；治国，必先治水。

水利事业源远流长，我相信马教授《源远流长》这本书，也会源远流长！

民营经济的与时俱进

胡德平《与时俱进的民营
经济》

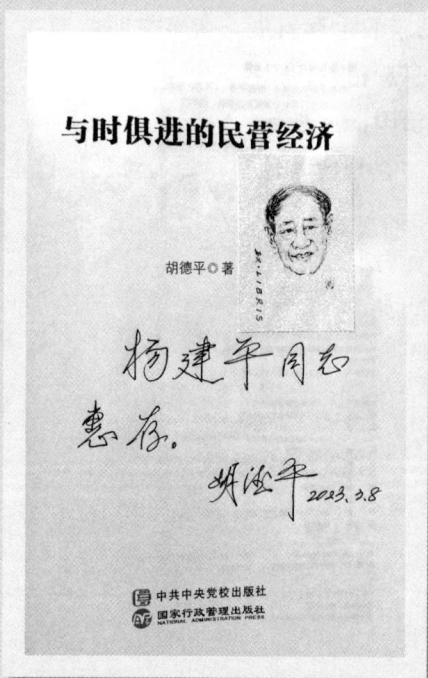

在中国改革开放四十多年的经济发展历程中，民营经济的活力、韧性、效率得以充分释放，如今民营经济已经成为推动我国经济发展不可或缺的力量，也已经成为创业就业的主要领域、技术创新的重要主体、国家税收的重要来源。

胡德平先生，曾经担任中央统战部副部长、全国工商联党组书记，对民营经济有长期的观察和独立的思考，对民营企业家有更多了解和理解。

他新出版的《与时俱进的民营经济》一书，就是他对转型时期的民营经济、合作经济、共享经济等问题的新思考、新探索。

对于民营经济、私有企业，德平先生最早提出"扬弃说"，反对"原罪论"。在这本书中他又一次提出并分析了"私营企业为何吃了四十年的定心丸，仍然心神不定"。

他从马克思、恩格斯的原著文本谈起，仔细对比了《共产党宣言》中的翻译，到底是"消灭私有制"还是"扬弃私有制"，澄清误读和误解，确定权威的德文翻译应该是"扬弃"，并非从俄文翻译的"消灭"。

他又从马克思、恩格斯对资本主义私有制论述的精神实质谈起，提出"马克思、恩格斯的科学社会主义和空想社会主义的界限很清楚，其中一块试金石就是，一个是扬弃私有制，一个是消灭私有制"。他还结合苏联的社会主义实践、我国的社会主义实践探索，提出用实践的观点、扬弃的观点，观察研究民营经济，推动民营经济高质量发展。

书中个别地方对民营企业为享受"公平待遇"，被迫"走上公私合营之路"，发出"警惕打着共享的旗号搞新的公私合营"的呼吁。

德平先生是耀邦同志的长子，又出生于红色圣地延安，对延安时期的合作经济有切身体会和深刻理解，对合作经济这种带有社会主义基因的经济形式，有深入研究。他在这本书中以《市场经济下的合作经济》为题，系统梳理总结了延安时期我党发展合作经济的成功实践，并结合当前实际提出对今天改革的参考意义。

　　德平先生还在《把自己国家的事情办好》一文中，结合目前我国农村改革，就供销合作社和农村信用社的发展历史和改革进程进行深入研究，提出"面临国际国内如此的挑战形势，我们一定要把自己国内的事情办好，把'三农'的事情办好，把农村信用社、供销社的事情办好。市场经济不能完全取代农村合作经济组织，农村建立起来的合作经济应以自己的实力，积极主动地进入市场经济"。

　　这本书，是作者把经济学和经济史结合起来研究问题的一个新尝试、新收获。书中有许多珍贵资料和独家观点，比如：毛泽东同志从批判"农业空想社会主义"到大搞"合作化运动"的转变；公私合营改造后，毛泽东同志又说"可以消灭了资本主义，又搞资本主义"；"科学技术是生产力"的最早提出者是毛泽东同志；陈独秀在早年就提出"社会主义社会中，可以存在私人企业"的经济观点；苏联的垮掉，是"体制颠覆制度的一幕悲剧"。

　　读这本书，有欣喜，受启发！

沉思 1898

马勇《1898 年中国故事》

1898 年，是中国近代史的一个重要年份。

戊戌变法轰轰烈烈，搅动朝野，影响内外，全球舆论关注着中国的维新变法，各种政治势力纷纷登场，帝党、后党有合有分，守旧、维新势同水火，最后慈禧太后决然出手，康有为、梁启超流亡海外，六君子喋血菜市口，光绪皇帝被囚禁瀛台，慈禧老佛爷"垂帘听政"。

1898 年，注定是在历史上留下深刻痕迹的特殊年份。

这一年，有太多故事，有太多伤痛，也有太多谜团。后来许多历史学者把目光盯在这个年份，把笔墨挥洒在这个年份，各种著作汗牛充栋。

马勇先生的《1898 年中国故事》，是类似黄仁宇《万历十五年》的史书，有脉络清晰的故事，有逻辑严谨的分析，有丰富真切的数据，有综合各方的观点。

作者用通俗易懂的语言，用《史记》的笔法，把各类人物的形象、心理、气质描写剖析得入木三分，尤其是各种人物、各种势力的较量、互动，很有戏剧张力。

为什么变法？怎样变法？立志图强的维新变法为何失败？书中从"骚动的春天"写起，直到"失望的结尾"，展现了变法的复杂背景、艰难起步、重重阻力、政治纠缠。所有重大事件都全景关照，不从概念出发；所有重要人物都客观描述，不贴标签，不戴脸谱。对参与其中的许多人物，包括翁同龢、李鸿章、康有为、梁启超等，在戊戌变法之后的叙述，都本着去伪存真的态度，尽可能剥去伪装、挤掉水分，还原历史真实。

我多年前初读时，手不释卷，一气读完。

如今再读，许多篇章，反复沉吟，为 1898 叹息，深感历史前进的脚步是那样的沉重。

一书一票

人生与思考

文化散文的先河

余秋雨《文化苦旅》

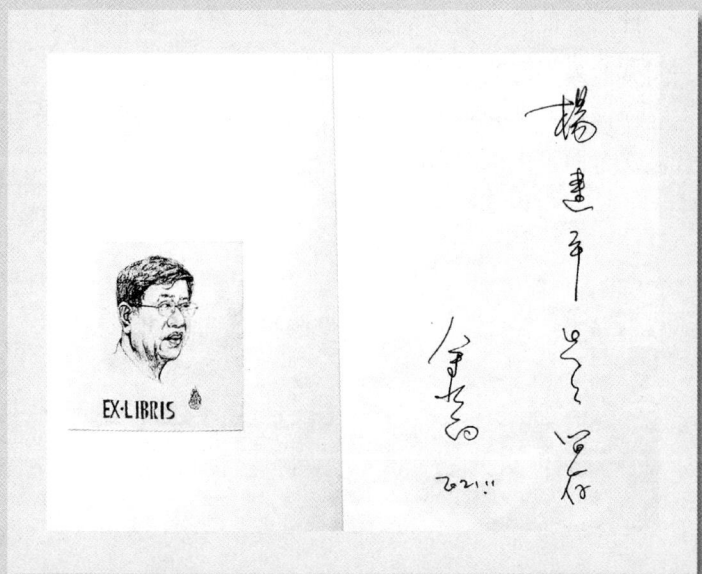

少年读书，课本上的写作模范，一是鲁迅的杂文，二是杨朔的散文。最初的作文种子就这样种下。

后来读到朱自清、林语堂、周作人、汪曾祺等等，才知道现代散文的汪洋恣肆。

二十年前读到余秋雨先生的《文化苦旅》，又一次被震撼，原来散文还可以这样写。余先生用干净利落、美轮美奂的文字，传神逼真地刻画出中华文明的博大精深和苦涩辉煌。中国文化、中国文人、中国历史，在作者的文章中交错交织，一读便让人爱不释手。

书中那视野的开阔、思想的深邃、文采的飞扬，常使人击节叹赏。字里行间渗透着作者对文明的珍爱、对文明的礼赞、对文明的期待、对文明的呼唤，令人感动。书中所写的许多文化古迹，我也曾去过，只有读了《文化苦旅》，才算是真正看懂了、理解了。

此后，他的《山居笔记》《千年一叹》，我也喜欢看。但给我心灵震撼的，还是《文化苦旅》。

应该说《文化苦旅》开创了文化散文的先河，引领当代散文走向了一个新高度。

草根的坚韧与乐观

刘恒《贫嘴张大民的幸福生活》

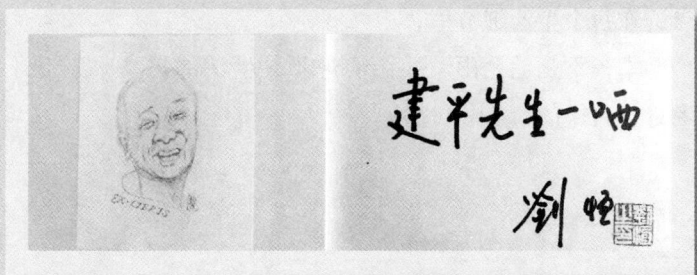

小说《贫嘴张大民的幸福生活》，我是先从杂志上看到，读得茶饭不思，只顾哈哈乐，而这笑声又和着酸涩的泪。

后来小说正式出版，我又看了一次，在笑的时候，更多了沉甸甸的思考。

电视剧《贫嘴张大民的幸福生活》播映时，我一集一集从头看到尾。对时代变迁带来社会生活的变化，作为过来人，我感同身受。我不像第一次阅读小说那样笑了，但感慨却多了，常常联系身边的人和事，议论评点一番。

刘恒先生笔下那些鲜活、生动的人物，仿佛就在我们身边，甚至就有我们自己的影子。张大民身上的平凡朴实、幽默乐观、热爱生活、笑对苦难、锲而不舍、追求幸福，正是我们普通老百姓共有的品质。

改革开放四十年的巨变，映照在每一个平头百姓身上，渗透在每个生活细节里。

幸福不是毛毛雨。社会的进步、生活的提高，离不开老百姓自己的奋斗和付出。

痴心痴情敦煌女

樊锦诗《我心归处是敦煌》

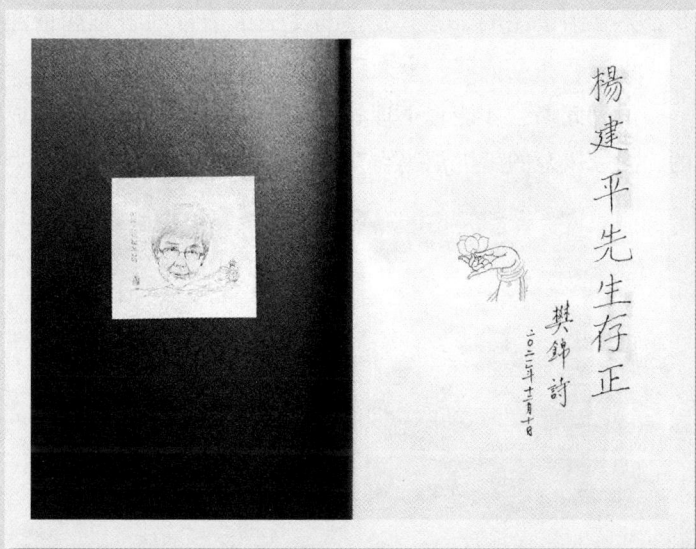

曾经读过报告文学《敦煌的女儿》，也曾近距离聆听樊锦诗先生的讲座。莫高窟，我去过三次。对樊锦诗老先生，我是高山仰止地敬佩。

　　如今捧读八十一岁时樊先生口述的自传《我心归处是敦煌》，仿佛在眼前打开一幅壮美画面，樊先生出生在北京，成长在上海，求学于北大，毕业后到敦煌莫高窟做研究保护工作，一辈子没有离开过敦煌莫高窟，她自己说："此生命定，我就是个莫高窟的守护人!"

　　八十一岁的老人，回望自己的历史，娓娓道来；总结自己的研究成果，言简意赅；谈起莫高窟的保护传承，提纲挈领；提炼的"莫高精神"，铮铮有声；对敦煌石窟艺术的评析，美轮美奂；对敦煌申遗成功，对数字展示中心建设的回顾，体现出她科学保护、永续利用的前瞻性思维。

　　事非经过不知难，许多章节，在樊先生平静的叙述中，我都是含泪读完的。尤其是她与丈夫彭金章的苦难恋情和相互支撑、相互成就，令人感动。

　　读完此书，才能真正理解"敦煌守护神"是怎样炼成的，大家风范的"九层高台"是怎样起于累土的。

EX·LIBRIS

一代人的阅读记忆

林阳《小人书大人物》

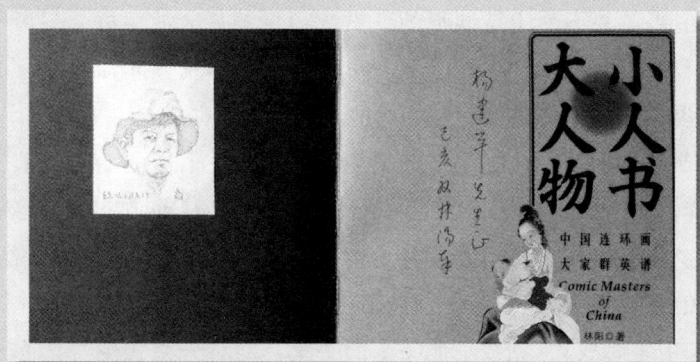

自小爱看小人书，孩提时代，能看一本连环画，那就是最美好的享受、最过瘾的文化大餐。

小伙伴们互相交换着看的连环画，大多都翻得烂了，前后差好几页，没头没尾，但也照看不误，津津有味。

林阳先生出身世家，俗语说"门里出身，自带三分"。他自小随父学书法、学诗词，出道早，成就高，加之又身居"中国美术出版社总编辑"这样的"要津"，往往让人望之"俨然"。

在他赠我这本关于小人书的专著时，我是又诧异又惊喜。诧异的是，他这样的大家竟然为小人书写了一部专著；惊喜的是，这本书详细介绍了十五个绘画大家的生平事迹，并对其绘制的连环画作品做出精彩点评。

捧读这本书，我仿佛回到当年，那种岁月记忆、那份阅读快乐又回到心头。书中介绍的连环画，我大都读过，但当年并不关注是谁画的，只觉得情节好、故事好。只顾着吃鸡蛋，不关心下蛋的老母鸡。读这本书，才知道"下蛋的老母鸡"是谁，是如何的"了得"。

林先生在书中对自己父亲林锴的记述，更是有趣、有料、有温度。我从中知道了他祖籍河南，从而敢和他攀老乡。也知道他祖上曾是进士出身，官至江西学政，打趣说他是"贵族子弟"。更知道当年我们百看不厌的小人书《甲午海战》，竟然是他父亲的手笔，对林先生顿生"羡慕嫉妒恨"。

图文并茂，老少咸宜，这样的书，很休闲，很唯美，很耐看。

学亦优，仕亦优

江小涓《江小涓学术自传》

改革开放进程中的经济学家学术自传

张卓元 高培勇 主编

江小涓学术自传

江小涓◎著

建平同志惠存

江小涓

ACADEMIC
AUTOBIOGRAPHY
OF JIANG
XIAOJUAN

SPM
南方出版传媒
广东经济出版社
·广州·

学而优则仕，江小涓女士是从经济学家转型为行政领导的。难能可贵的是，她长期担任领导，却一直保留着学者风骨和书卷气质。她担任领导后的学术著作，理论和实践结合更好，论述更切中要害，对策更具可操作性。

近期她出版的《江小涓学术自传》，融学术性、故事性、思辨性于一体，加上清澈流畅的文字，读来滋味悠长，从中可以体会到作者的悟道之乐、育才之乐、天伦之乐。

书中专门就国务院工作的十四年进行了回顾，总结了"政务工作中的学术思考和感悟"，高层意愿、试点先行、学界推动、行政干预等论述，具有独特角度和独有价值。

对于网络和数字时代的服务业，作者紧跟前沿，做了许多研究和思考，提出精辟的新见解。面对网络与数字经济对现有经济理论的挑战，作者敏锐地指出：知识之球愈大，其与未知界的接触之面就愈大；事态更迭愈快，一些趋新进取之人愈可能转瞬之间就落伍。相比之下，一些大型企业或社会化的研究机构还是做得更前沿、更现实、更有效。

笔下风采　心中慈悲

贾平凹《暂坐》

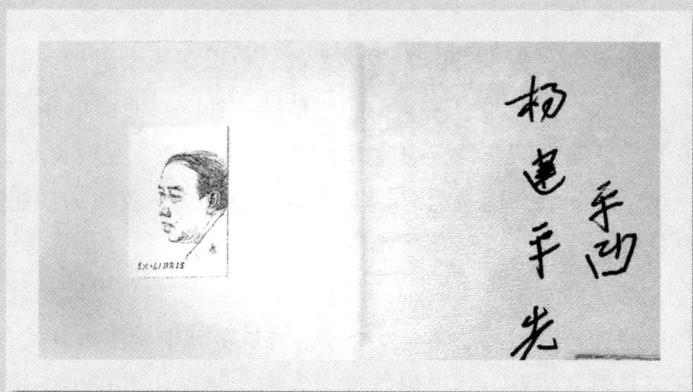

上大学时看了贾平凹的小说《满月儿》，就记住这名字叫得土气、文笔却秀美洋气的作家。

我老家地处的陕塬，是周公和召公分陕而治的地理标志，陕塬以西叫陕西，陕西地名由此而来。我的故乡虽属河南，但从文化圈层讲，我们与陕西的乡风民俗更有血缘上的亲近。

所以，我读贾平凹的《鸡窝洼人家》《浮躁》《秦腔》《带灯》等，总有重回故园、又见亲人的亲切感。那些文字背后的生活韵味、世态冷暖，常常让我咂摸再三，不知肉味。

近期他出版的《暂坐》，与他一贯擅长的农村题材不一样，写的是大都市里十二个年轻女性斑斓多彩的生活故事。

有人说它是《废都》的姊妹篇，我不这么看。我倒觉得它是借鉴《红楼梦》金陵十二钗的构思，写了西京城里现代版的"十二玉"。

小说以"暂坐茶庄"为主要场景，以茶庄女老板海若为核心人物，串起十二个美丽、精明、独立、时尚的单身女性闺密。她们在世俗的商场、情场互帮互助、互诉衷肠，一个个风光靓丽的背后，都有纠结和心酸，一次次亲如姐妹的拥抱之后，也藏有算计和不满。

这"西京十二玉"，海若是核心人物，来自俄罗斯圣彼得堡的美女伊娃，是穿线人物。小说从伊娃来到西京开始，到离开西京结束。其中伊娃这个人物，体现作者在小说结构上的匠心，也体现当下中国都市生活的国际化色彩。

作者以慈悲的心态，不疾不徐地把十二个女性写得风姿绰约，又以冷静的笔触层层剥开她们的表象，让你看到她们"昂贵的挎包里揉成团的卫生纸"，"她们是一群那样高尚的人，怎么都有没完没了的这样那样的事所纠结，且各是各痛，如受伤的青虫在蹦跳和扭曲"。

各种欲望、各种矛盾、各种纠缠叠加到最后，小说又用一场意外的"失火爆炸"，使诗意朦胧的"暂坐茶庄"和它的主人们烟消云散。

繁华落尽，挽歌响起：人生在世不就是一场暂坐。别说你爱我、我爱你，咱们只是都饿了。

旗手永在　旗帜飘扬

阎晶明《鲁迅还在》

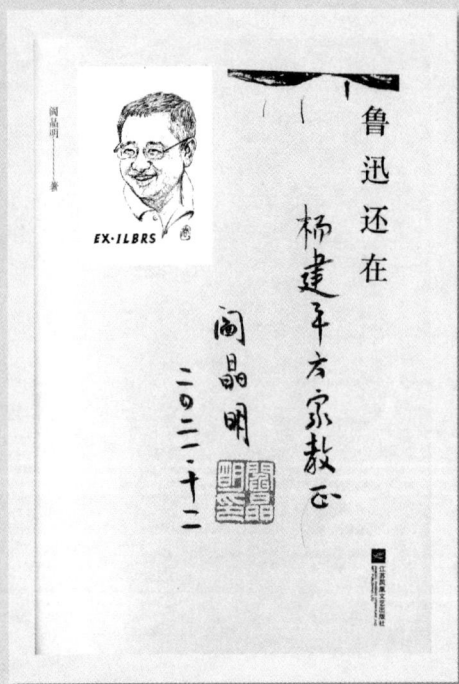

EX·ILBRS

EX·ILBRS

阎晶明 —— 著

鲁迅还在
杨建平方家教正
阎晶明
二〇二一·十二

从中学开始，语文课本上最多的课文是鲁迅的杂文和小说，写作文也是以鲁迅的文章为圭臬。鲁迅作为新文化旗手，已在我们这一代人幼小的心里扎根，我们所有的文字，或多或少都与鲁迅血脉相连。尤其是进入社会，经过酸甜苦辣后，再读鲁迅，对鲁迅的深刻和炽热更多了一层理解，对鲁迅的孤独、决绝、韧性更加敬仰。

近年，文化开放，百花齐放，现代文学的画廊更加丰富，鲁迅在百花丛中已不像过去那样一枝独秀，许多中学课本也删去了鲁迅的文章或者少选鲁迅的文章。

鲁迅走下神坛后，怎么看待鲁迅？谁还在读鲁迅？

网络的碎片阅读方兴未艾，大量的鸡汤文字充斥网络，鲁迅的博大精深，已经越来越少人问津。鲁迅似乎正离我们远去。

阎晶明先生的《鲁迅还在》，以振聋发聩的声音，警醒世人：鲁迅还在，须仰视才见！真正的经典不会被撼动！鲁迅思想活在人间！

作者从鲁迅的作品剖析开始，从鲁迅的生活细节入手，观察他的抽烟、喝酒、交友、生病，分析他与老师藤野严九郎、与大师萧伯纳、与青年作家萧红萧军的种种往事和来往文字，从而走近鲁迅、还原鲁迅，让我们真切了解一个真实、鲜活、孤独、柔性的鲁迅，让我们真正懂得什么是鲁迅精神。

郁达夫当年在《怀鲁迅》里说："没有伟大人物出现的民族，是世界上最可怜的生物之群；有了伟大的人物，而不知拥护、爱戴、崇仰的国家，是没有希望的奴隶之邦。"

作者在书中又一次呐喊：鲁迅精神是火炬、是灯塔，全民族应为之骄傲。在现代文学的长廊里，鲁迅集中体现和代表了那个时代的思想深度和创作高度。

生态文明的挽歌

迟子建《额尔古纳河右岸》

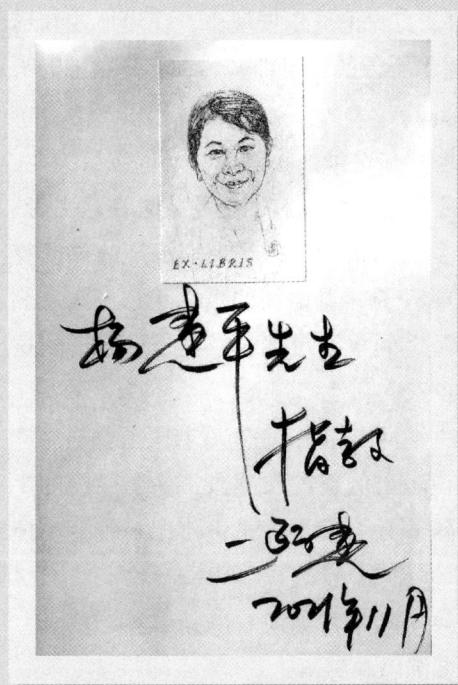

遇到迟子建是一个偶然。在人民大会堂参加全国政协会议，开幕前在休息区喝茶时，我看见老演员奚美娟，就走过去打开自己随手带来的折扇，让其签字留念。奚美娟签完字就直接把折扇递给旁边的女委员，并跟我说："这是作家迟子建，让她也签吧，她比我厉害。"我急忙接住话茬儿说："我年轻时就喜欢读你的小说，很崇拜，今天见到本尊真容，太荣幸了!"她签完字，一言不发递给我扇子，只是嘴角有一湾浅浅的微笑。这时开会的铃声响起，我们都匆匆进了会场。

会后，我几经辗转向迟子建转达我的愿望：恳请她将其获得茅盾文学奖的小说《额尔古纳河右岸》签名赐我收藏。很快，我就收到她寄来的签名书。

我是 2018 年去内蒙古呼伦贝尔根河市，在当地才知道《额尔古纳河右岸》这部小说的，当即开始在喜马拉雅上听读《额尔古纳河右岸》。

小说的故事发生地就在这里，小说描写的以游猎为主、与驯鹿相依为命的敖鲁古雅鄂温克族，主要集聚在这一带。在当地一个鄂温克族乡长的带领下，在烟雾缭绕的鄂温克族集聚区，我走进"撮罗子"看他们的生活状态，跟着驯鹿看它们如何寻找苔藓。到根河市郊区，我走进搬迁到这里定居的鄂温克族老乡家，和他们聊天。

一边听着《额尔古纳河右岸》，一边看着眼前鄂温克族的现实生活，有许多说不出的苍凉和感慨。一个民族的生活方式、精神文明，随着社会发展，是进步，是蜕变，还是消亡?

重新捧读迟子建的《额尔古纳河右岸》，对生态文明、生态文学，又有了许多沉思和感悟。

白说不白说

白岩松《白说》

白岩松原本是央视的知名主持人，敏锐、犀利，还有点英姿勃发的味道。后来转型为新闻评论员，敏锐依然，但似乎把以往的犀利藏在平和朴实里，多了几分沉稳和悲悯。语言风格也转换得更接近听众或者公众视角。

说话不是件好玩的事。

白岩松说："我用嘴说话，自然也活在别人嘴里。"网络上对他的"评说"品头论足、横挑鼻子竖挑眼，自不待言，也常常有不是他说的话，人家"安"到他头上，引发舆论事件，甚至被当事人或相关单位打上门来。

白岩松很无奈，感慨道："误解传遍天下，理解寂静无声。"

也许是为了打假，也许是为了辩白，他把自己在不同场合的演讲结集出版了一本《白说》，真人原版，以正视听。好玩的是每篇演讲之后，他自己还为自己写一篇读后感。

书中按几个专题分类架构，每一个总标题下，都有一句精句。岁月：活着不是非赢即输；价值：得失不是非有即无；沟通：世界不是非白即黑；态度：进退不是非取即舍；时代：真相不是非此即彼。

书中全是口语化的面对面交流，聊人生、聊幸福、聊读书、聊音乐、聊《道德经》、聊新闻写作、聊节目制作、聊沟通技巧……

我是从书的最后一篇《我的故事以及背后的中国梦》读起，倒着读完这本书的。这篇在美国耶鲁大学的演讲，堪称"讲好中国故事"的经典，生动的故事、丰满的细节、诙谐的语言、赤裸的坦诚，真正的入耳入脑入人心。

阅读全书的过程，总会有跳跃式的喜悦和灌顶式的开悟，始终能感受到作者冷静的思考深度和炽热的心灵温度。同样的事实，他的解读耐人寻味；同样的道理，他的阐述入耳入脑；同样的批评，他的劝导心有戚戚。比一般的鸡汤更可口，比高深的布道更接地气。

他在序言中自我调侃说："我姓白，所以这本书叫《白说》。其实，不管我姓什么，这本书都该叫《白说》。"

我倒觉得这个白说的"白"，应该是真金白银的"白"！或者说是白金的"白"。

读《白说》，不白读！

EX·LIBRIS

诗，是什么？

康震《康震古诗词 81 课》

中央电视台的《中国诗词大会》节目一炮走红，使富起来的大众暂且放下眼前的苟且，开始关心"诗和远方"。现场点评的几个专家随手拈来、旁征博引，增加了诗词比赛的知识性、趣味性、观赏性，赢得粉丝热捧。

学问功底好，个人形象好，口才表达好，加上现场作画出题又展现书法绘画才能，使康震在几位专家中更显出众，一时成网红人物。

康震送我这本《康震古诗词81课》，我当晚便开始阅读至深夜。书中所选择的诗词，都是我早已读过多遍的名家名作，但我看他的解读，仍觉津津有味。

他对诗词的理解、感悟、联想、表述，都有其鲜明的"康氏风格"。比如王之涣的《登鹳雀楼》的解读，他开头就说："我上小学二年级的时候，老师教我们背诵这首诗。我清楚地记得，老师告诉我们：荒草的'荒'少一点，海流的'流'多一点，要认清，不要写错。"这种个性化的阅读经历的掺入，使人亲近感顿增，仿佛他正和我并肩在读诗。还有在叶绍翁《游园不值》的解读中，他把"一枝红杏出墙来"的来龙去脉串联清楚后，特别分析了吴融、陆游等诗人类似的句子在前，为什么不被人喝彩，直到叶绍翁点化后，才惊艳千古。最后结题到"诗眼"的特殊性、重要性，"诗眼"的集中发力、意外惊喜！就诗说诗又能生发开去、举一反三，很见功力。

这部书以讲课的形式呈现，突出特点就是精、准、美。从曹操的《观沧海》到龚自珍的《己亥杂诗》，八十一首诗词都是千古流传的精品，每一首诗词的解读都精准而有个性。全书的文字流淌着诗意的美，把学术的严谨和解读的活泼结合一起，而且短小精悍。

"诗，首先是一种精神、一种立场、一种价值观、一种生活方式，然后才是文学。我们为什么需要诗？因为只有在诗里，我们才能再次起飞，重新燃烧，尽情呐喊，才能持续刷新我们对世界的最美印象。"

　　这是康震说的，我深以为然！

新高度　新说法

叶嘉莹《叶嘉莹说初盛唐诗》

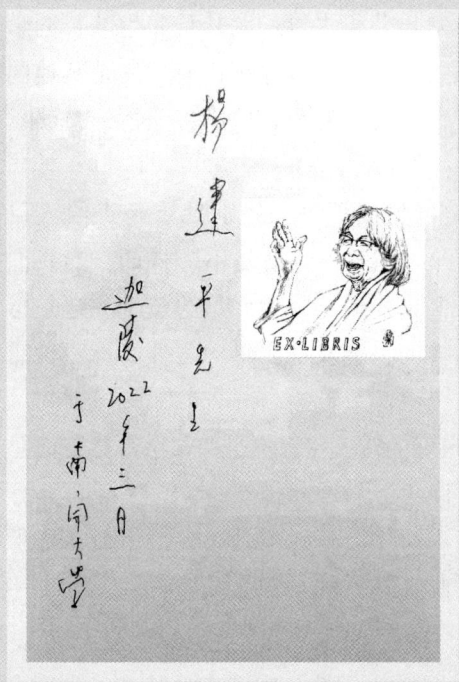

南开大学的叶嘉莹先生，是中国古典诗词研究界的泰斗，是教育界的大师。先生今年已经九十八岁，但仍著述不断、教学不断。

先生的这本《叶嘉莹说初盛唐诗》，是根据她的演讲、授课录音整理出版的。这类课堂的即兴发挥，融汇古今、贯通中西，由此及彼、举一反三，带有许多口语和互动，比正襟危坐的著作，更好读，更有趣，更见学术功力。

先生从初唐诗人中选择了王绩、杜审言、王勃、骆宾王、陈子昂、张九龄；从盛唐诗人中选择了孟浩然、王维、李白、王昌龄、王之涣、高适、岑参。每一个诗人都不是全面论述，而是寥寥数语勾勒典型、点出要害，把诗人的身世与诗歌糅合起来讲，把每个人的诗歌放在唐诗发展的脉络上，与其他诗人对比分析去讲。尤其是先生从音韵学角度对重点诗句的读音、平仄进行详细讲解，这是其他同类书所少有的。读着书，似乎在听先生授课一样妙趣横生、开悟多多。

先生对诗歌美学价值的评判，特别看重是否给人以"感发"，她特别指出："感发和感动是不一样的，当我们看一个很悲哀的小说和电影时，一边看一边流泪，这是感动。……感发不是这样的，感发是在感动之外给你一种启发和联想。"

先生说："凡是最好的诗人，都不是用文字写诗，而是用自己整个生命去写诗。"

读先生的书，能深切体会到她也是用整个生命在传承和传播她所钟爱的古典诗词。

情满纸　思无限

满妹《思念依然无尽》

《思念依然无尽》是胡耀邦女儿满妹（本名李恒）写自己对父亲的回忆与思念的一本书。2005 年 11 月出版后，曾经热销并热议了好长一段时间，许多人是含着热泪读完这本书的。

胡耀邦同志是革命队伍中有名的红小鬼，从小红军到团中央书记，再到党中央总书记，一生颇多传奇。在担任党中央总书记期间，他对推动中国的改革开放居功至伟。尤其是他身上的勇气、激情、活力、担当，给国人留下深刻影响。

这本书写的是大人物，但呈现的是一个女儿心中的父亲。通过女儿的回忆、思念，从小处落墨，一丝一丝编织，一笔一笔描画，写出耀邦同志的平凡而伟大，写出他对党的事业的忠诚，对人民的热爱，对拨乱反正、解放思想、改革开放的贡献。同时也从工作生活的丰富细节入手，写出了耀邦同志的崇高追求和高尚人格。

这本书的动人之处，就在于女儿的深情、内容的真实、文字的朴实，书中的人物、故事、感情，像一泓清泉缓缓沁入人心。

读这本书，眼睛是湿润的，心灵是滋润的。

人世间　几多情

梁晓声《人世间》

EX·LIBRIS

杨建平主任存

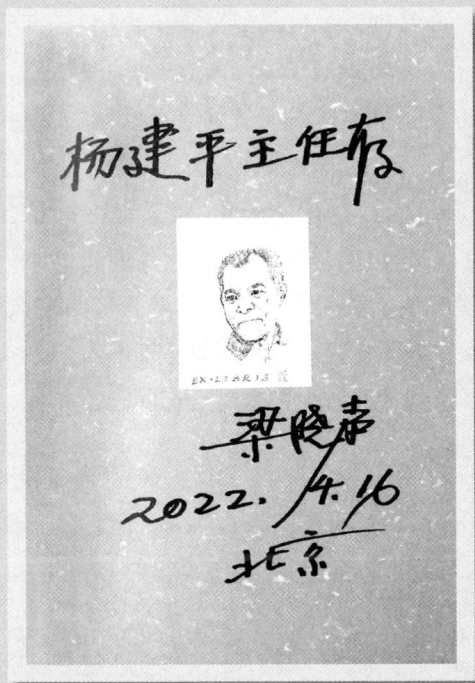

EX·LIBRIS

梁晓声

2022. 4. 16

北京

从读《今夜有暴风雪》开始，我就喜欢上了梁晓声，他的小说、散文，我买得多、读得多。喜欢他作品里书写生活苦难的不遮掩、批判生活丑恶的不留情，喜欢他塑造的平凡人物身上的善良、正义和奋斗。

他的作品有着浓烈的个人气质和精神力量。

《人世间》这部小说，我是在电视剧热播时，一边追剧，一边看原作，断断续续、仓仓促促看完的。

也是朋友知道我的喜欢，才通过关系找到梁晓声，请求一套三本的亲笔签名书。

再次翻阅，相比于电视剧的有趣和温暖，小说更丰满、更沧桑、更沉重。小说以周家为主线，小人物与大事件、小家庭和大社会、小街区和全中国，各种人物、各种故事错综交织，多角度、多方位、多层次地展现了中国社会巨大的变迁和人物命运的跌宕起伏，有着史诗般的波澜壮阔。

书中贯彻始终的一股精神气质，就是老百姓怀揣梦想的艰苦奋斗、自尊自强、正直善良。

梁晓声自己谈《人世间》，有一段话：孩子若是平凡之辈，那就承欢膝下；若是出类拔萃，那就让其展翅高飞。接受孩子的平庸，就像孩子从来没有要求父母一定要多么优秀一样。穷不责父，孝不比兄，苦不责妻，气不凶子。

如此，家人之间，才算是个明白人。人世间，如此，才算活得明白！

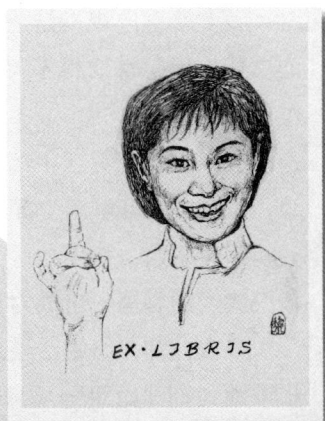

我也叫她姐姐

鞠萍《萍聚》

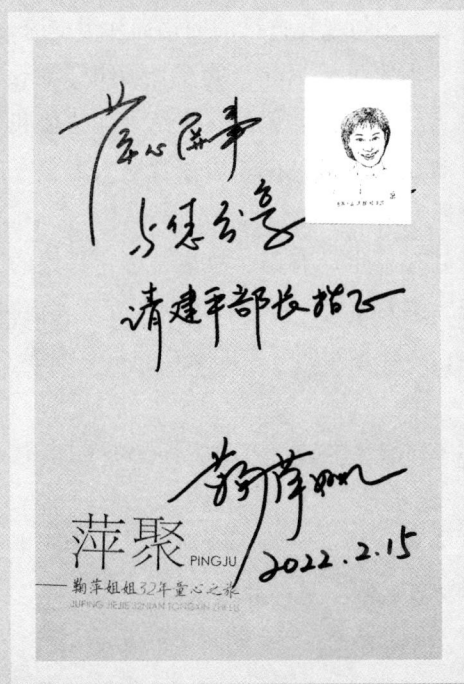

我女儿看电视，是从《七巧板》开始，对那个叫鞠萍的主持人姐姐喜欢得不得了，一口一个鞠萍姐姐，叫得那个亲哟。

我陪着女儿看《七巧板》，也渐渐喜欢上这个可爱的姑娘，也随着女儿喊上"姐姐"。

鞠萍姐姐，伴随着一代人的成长，她的形象已经镌刻在一代人的心里，也成为我们父女俩永恒的共同记忆。

如今，鞠萍姐姐已经是"奶奶的年龄"，但人们还是喜欢喊她"鞠萍姐姐"。因为鞠萍姐姐已经成为固定词组，凝固在人们的记忆里。

捧读鞠萍的《萍聚》，仿佛跟随她重走一次三十二年的童心之旅，被她的成长故事所吸引，也被她节目背后的故事所感动。其中许多故事还勾起我自己的回忆而涕泪交流。比如她幼年喜欢钢琴，但家里买不起，就在合唱团仔细看老师怎么弹，回到家自己画琴键，凭记忆去练习，这使我想起女儿小的时候，也是她那样，在邻居家观察人家孩子的家教老师怎么教，回家画出琴键，照样学习弹琴。

书中写她的成长轨迹，生动有趣，故事多多；写她的职业生涯，刻苦励志，感人肺腑；写她和观众的互动交流，充满爱心，温情满满；写她与亲朋好友的交往，情意绵绵，阳光灿烂。

特别是每年六千多封观众来信，一半她都要亲笔回信，让我惊讶而钦佩。

这本书从内容到文风，都是童话般清新美好，读起来使人如沐春风、如对秋月。两个字：舒坦！

灵台叩问

孟学农《心在哪里安放》

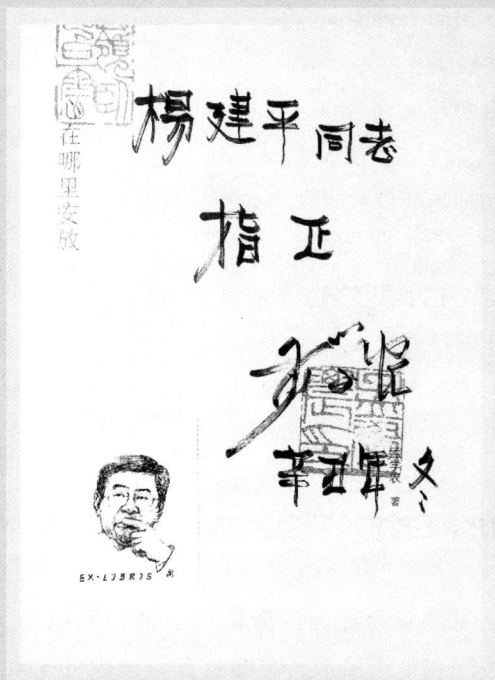

都知道孟学农是高级干部，但很少有人知道他是个诗人。

2009 年 7 月 7 日《中国青年报》刊登他的长诗《心在哪里安放》，引起轰动，人们才知道，他的诗竟然写得那么好。

"默默地思量：心在哪里安放？"诗中用三段问答，对自己的过往进行内心反思和灵魂叩问；接着诗人又用五个"我多想多想"开头，展开畅想，抒发自己的为政理想；最后，诗人紧扣主题，直抒胸臆：

> 融入吧，像细小灰尘一样，
> 冉冉升起悄然落下，
> 覆盖在祖国的土地上。
> 心不需要安放，
> 只要在难忘的地方，
> 有山在呼唤，有水在荡漾，
> 心，就在挥洒的过程中——发光、闪亮！

孟学农这本《心在哪里安放》，是他把自己日积月累的诗歌创作自编自印的结集。

书中分"春、夏、秋、冬"四部分，有古体诗，有现代诗，有咏物言志，有借景抒情，有读书有感而发，有追剧议论风生，有登山望远之思，有观海壮阔之情，有送人殷殷惜别，有怀旧缕缕追思。生活中的所见所闻，都成为他的诗歌题材。

读着他的诗，总感觉有充沛的激情在字里行间回荡，总感觉有深沉的爱恋在笔下流淌，总感觉有铮铮风骨在纸上闪亮。

作者在序中说：

假如一个人，
在物欲横流的时代，他能坚守理想；
身处娱乐狂欢的盛世，他能保持严肃；
面对信息泛滥的洪流，他能恪守内敛；
背倚价值颠倒的乱世，他能守住清白；
面对强权欺凌的时刻，他能奋起呐喊……
那么，他算得上一个有风骨的人。
以此集献给有风骨的人。
献给我亲爱的家人。

智者的对话

刘长乐《包容的智慧》

凤凰卫视创始人刘长乐先生，是一个擅长交流沟通的传媒大腕，特别是创办凤凰卫视的过程中，包容"两岸三地"的各种政治经济文化，求得中华民族的最大团结、共荣共生，促进东西方文明互补互鉴，走出了一条多元、融合、专业的独特的传媒发展之路。

星云大师，一生为佛，到处讲经说法，随缘度众，同时也创办媒体，利用现代传媒，弘扬佛法，传道解惑。

《包容的智慧》一书，是台湾星云大师与刘长乐的对谈录。两位高人，随心随性，当机对机，对答如流，妙趣横生。

他们谈"有容"，谈"伏惑"，谈"若水"，谈"度己"，谈"变通"，谈"多元"，谈"管理"，谈"信远"，有问答，有辩驳，有互补，有追问，有探求。所有话题都是身边琐事、熟事、杂事，所有文字都很精短且口语化，没有丝毫大师高人的神秘和晦涩。

我最喜欢王维的诗句"行到水穷处，坐看云起时"。如今读着《包容的智慧》，总会想到王维诗歌中的各种禅悟。

这种书，最适合随身带着，随手翻阅，让人增知识、长学问、得启悟、生智慧，给人以文化营养、心灵滋养。

往高处走，在高处见

俞敏洪《在人生的更高处
相见》

俞敏洪和他创办的新东方，改变了无数青年学生的前途命运，成就了一代莘莘学子出国留学的梦想。新东方自身也成为知识改变命运、知识创造财富的经典样板。

尤其是在国家"双减政策"出台后，新东方拿出巨额资金安置员工，原有教学用具捐献贫困地区学校，其所作所为体现出企业家的格局情怀和企业的责任担当。近期，新东方转型双语直播带货，一炮走红，又一次掀起网络热议：老俞还是牛人！新东方依然在潮头！

此时，我重读俞敏洪的《在人生的更高处相见》，似乎找到了密码。

这本书初读时，我还不认识俞敏洪。在全国政协开会期间，我才认识他，由于不是一个界别，不在一个驻地，人民大会堂开会又不允许带手机，我们只好提前告诉对方彼此的座位号，约好在人民大会堂见面，为我手里的这本书签名。

这是一本随笔散文集子，书分四章：第一章写自己读过的书和读书经历体会，他说读书是为灵魂建一座美丽花园。第二章写自己旅行的所见所闻所思，他说在行走中收获生命的充实。第三章写自己对事业、对生命、对创业、对成长的独家观点，他坚信远见和努力成就事业。第四章写父爱，写师恩，写故乡，写北大，写高远的眼光和日常的琐碎，从中可以看到他在追求生命的充实和精神的丰满。

这本书没有宏大叙事，也没有创业传奇，写的都是日常琐碎，但却是最接近真实的俞敏洪，从中可以更深刻地认识到他曾经辉煌的底气和今天转型的根基。

他在书的序言中说："我一直相信命运是个变数，但这个变数需要命运的主人来创造；变好变坏，也需要命运的主人来决定。"

"人的命运好坏百分之八十还是掌握在自己手里。也就是说，我们不管处于什么年龄，都可以随时改变命运，人是活在自己创造的生命状态中的。我们经年累月，不管是被动还是主动，创造了一种生命状态，然后不自觉地生活在这种生命状态里。"

"生命的状态最终会反过来对你的生命进行再创造，这就是重塑命运。"

"阅读是在孤独中跟思想和灵魂交朋友。"

"人不是在历史长河中随波逐流的木头，也许通过自己的微薄之力，我们也能够成为历史航向中的一个小灯塔，让历史因为我们朝着更正确的方向流动。"

"我们都有过这样的经历：有些人，不管你见过多少次，都是陌生人，总感觉有隔膜，水泼不进，油炸不透，近在眼前，远在天边。但另外一些人，即使没有见面，也感觉好像久违的亲密朋友，他们把温暖、舒适、细致、大气带给你，他们让人浑身舒坦，又丰富得回味无穷，他们是远在天边、近在眼前的人。"

"如果人生没有美食和美酒，就没有朋友一起饕餮大嚼，那事业做得再大也味同嚼蜡。"

"没有企业家的中国，将是一个乏味和贫穷的中国；没有不同个性企业家的中国，将是商场一潭死水的中国；没有不同商业模式和激烈竞争的商业世界，就没有今天热火朝天的中国活力。企业的发展和竞争、企业家之间的冲突和合作，是中国社会活力和繁荣的重要源泉，是一把把火种，让中国社会不断燃烧和沸腾。"

"读遍全球对于《红楼梦》汗牛充栋的研究，也不如你亲自读一遍《红楼梦》。"

"读书、行走、经历都很重要，但更加重要的是思考、总结、怀疑、反思、领悟能力，是一个人通过领悟走向更高层次的能力，到达豁然开朗的境界。"

"真正的高手并不一定需要读万卷书、行万里路，方寸之间就能玩出大千世界。"

"人所做的一切，都会以另一种方式回来。回来的时候，最好在人生更高处相见。"

书中这些俞氏风格的格言隽语，让人沉思，让人回味。

EX·LIBRIS

剧场如战场

田沁鑫《田沁鑫的戏剧场》

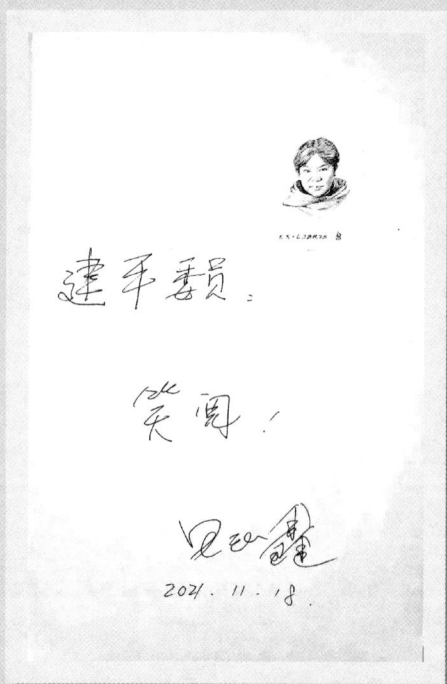

EX·LIBRIS

建平兄题：

笑阅！

田沁鑫

2021. 11. 18.

我喜欢话剧，是从曹禺先生的《雷雨》开始。后来最喜欢看的话剧是老舍的《茶馆》，不知道看过多少回，单就在首都剧场看北京人艺的《茶馆》也有七八次。

田沁鑫的《生死场》，我没有到剧场看过。总觉得萧红的小说改编成话剧，太难弄出名堂。尽管媒体一溜声叫好，我也没有看。

后来，又听说她把张爱玲的小说《红玫瑰白玫瑰》改编成话剧。我很好奇这个奇女子如何与张爱玲过招，于是便看了。

这一看不打紧，真的把我震撼了。

我怎么也想不到她能这样设计剧情结构和人物，两个佟振保，两个王娇蕊，两个孟烟鹂，两个公寓，六个人同时在两个房间里穿梭表演，剧情不断穿插、勾连，人物的内心与外表、爱情与欲望、虚伪与挣扎，都表现得畅快淋漓，充满戏剧的张力，还有幽默感。

从小说改编的影视剧、话剧，一般看过原著的观众会认为不过瘾。但是田沁鑫的《红玫瑰白玫瑰》恰恰相反，看过原著的，才更看得懂、更叹服导演的再创造，觉得舞台的立体呈现更过瘾。

我补看了她的《生死场》，又买了《田沁鑫的戏剧本》和《田沁鑫的戏剧场》，特别看了她的《生死场》剧本，同时看她的导演自述，还有她与媒体的对话，才知道她真是一个"牛人"。除了《生死场》《红玫瑰白玫瑰》外，她的《断腕》《赵氏孤儿》《生活秀》《狂飙》等都是好戏。

看完这两本书，刚好参加第十三届全国政协会议，一看田沁鑫也是政协委员，辗转找到她给著作签名。

她自谦说让我"笑阅"，我倒真是看完哈哈笑了。

农民传奇

陈春梅《我的爷爷陈永贵》

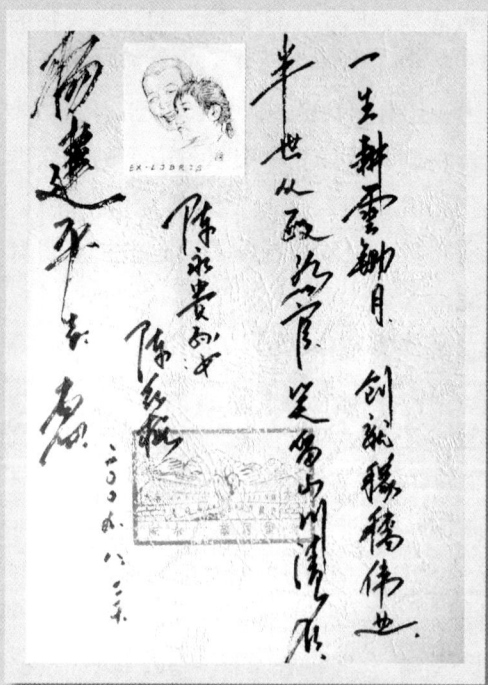

当年在农村，从上初中开始，我就跟着大人一起参加"农业学大寨"运动，到山里修水库、修梯田，到河滩修河坝，在平地里建设高产示范田，还集中连片建造"大寨丰产田"。我和乡亲们那时最崇拜的就是陈永贵，觉得他是个战天斗地的大英雄，他头上裹着白毛巾、满脸皱纹、抡着铁镐三战狼窝掌的形象，永远刻在我少年的记忆里。

　　后来他当了副总理，还是一身农民打扮地接见外宾，更使我们刮目相看。

　　陈永贵是我们一代农民的偶像，大寨是我少年向往的圣地。

　　2009 年 8 月，我第一次到大寨参观。虎头山、狼窝掌、展览馆、周总理纪念亭、陈永贵墓、郭沫若诗碑，一路看到陈永贵的故居。在这里巧遇陈永贵的孙女陈红梅，她指给我看墙上的照片和屋里的摆设，并对爷爷的生活故事作详细介绍。我还以为《我的爷爷陈永贵——从农民到国务院副总理》是她所写，就让她签名。她笑着说："这个书是妹妹春梅执笔写的，我是姐姐红梅，但我可以代表妹妹为你签名。"她特别写了给爷爷的挽联："一生耕云锄月，创就稼穑伟业；半世从政为官，笑留山川清名。"

　　这本书，从一个孙女的角度写出了陈永贵传奇的一生。从苦难岁月到创业之路，从政坛沉浮到晚年生活，许多生活细节、心理活动、私人感情是其他专门著作所没有或缺失的。

　　孙女笔下的陈永贵更朴实、更亲切、更感人。陈永贵成长的特殊社会环境、特殊家庭条件、自身特殊禀赋、时势造英雄的特殊机遇、伟人的青睐提携等，书中都有真实描述。

书中专门摘编收录了陈永贵部分讲话，那种从泥土中长出来的语言，生动活泼，又充满革命豪气和辩证哲理。难怪知名作家赵树理1963年在山西省劳模会议上听完陈永贵讲话后感叹："陈永贵没有一处讲到毛主席，却处处都是毛泽东思想，没有一处提到哲学，却处处都是辩证法，我佩服得五体投地，人才啊，人才！陈永贵了不起！"

艺术总有根和魂

柏成、西妍《感觉：艺术之灵魂》

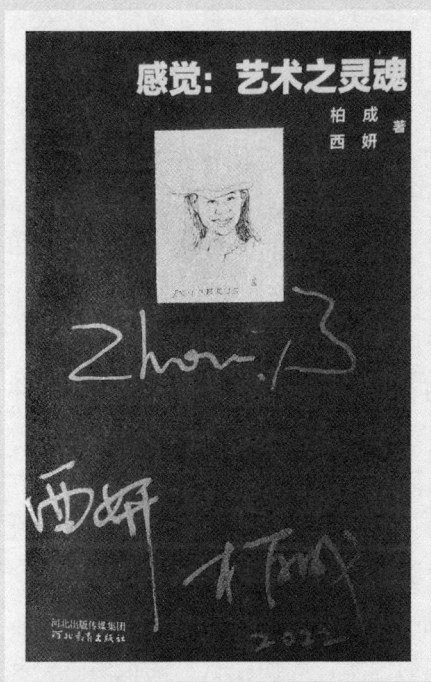

一个偶然的机会，我认识了周氏山作先生，并聆听了他的讲座，知道了他和周氏大荒兄弟俩的传奇故事。

兄弟俩从广西的花山岩画得到启悟，在美术界一路狂奔、一路突破，1985年在中国美术馆举办大型画展后，兄弟俩旋即出国，在美国芝加哥展现、创立"中国风"画派。那种大刀阔斧、气势恢宏、充满张力和冲击力的画风，让西方世界刮目相看，他们在西方的美术世界大放异彩。他们除了在欧美各种画廊展出作品外，还常常举行现场绘画表演，著名的达沃斯论坛曾邀请他们到现场为各国政要和商业大佬表演绘画。他们的作品还被白宫选中作为赠送中国的"国礼"。

尤其是兄弟俩四十年不离不弃，所有创作都是共同创作、共同署名。观看他们的大型画作，犹如观赏一段双人舞，既个性张扬，又合拍和谐。

也是在同一个场合，我认识了西妍女士，她说正在筹划出版介绍周氏兄弟的书。我们约定让我先睹为快，当第一批读者。

如今这本装帧独特、新鲜出炉的"毛边书"就在我手上捧着，书里的配图自不待说，"那是相当的精彩"，书中的文字，也是别有趣味，跳跃而凝练。

书的主体内容采用对话式、访谈式呈现，一天一个主题，分十日谈完。

作者柏成、西妍与周氏山作、周氏大荒，他们仿佛在喝着下午茶聊天，也仿佛在高山之巅回望过往，又仿佛在寻找打开艺术之门的金钥匙。

周氏兄弟说："我们来自偏远的广西，生长在闭塞和艰难的环境里，通过我们的艺术，我们把自己的很多感悟和想象融合在色彩里面。""我们总是在自己开辟着自己的道路，创造了很多本来不可能的可能性，过去几十年是这样，今后也还会是这样继续走下去。"

周氏大荒说："感觉是自由神。"

周氏山作说："感觉主义可以激活天才、创造天才。"

读罢，我掩卷深思，对周氏兄弟一再强调的"感觉主义"，有了"一知半解"。艺术创作就是跟着感觉走，而不是遵循"戒律"走。

奇人奇恋

杨广芹《心安是归处——
我和刘绍棠》

杨建平 先生 存念

杨广芹

2022. 7. 23

今天是七夕，中国的情人节。

读杨广芹口述的《心安是归处——我和刘绍棠》，被这一段三十年的情感深深感动。

也对杨广芹崇高的人格、坚韧的性格肃然起敬。

她对刘绍棠那高天厚土一般的爱，可歌可泣，感人泪下。

被誉为神童的天才作家刘绍棠，1957年被打为右派，1966年8月被贬回自己的老家——大运河畔儒林村，接受劳动改造。这一年他三十二岁。

村里有位姑娘叫杨广芹，十五岁，正在上初中二年级，活泼可爱，人缘极好。由于辈分高，村里不少人叫她"小姑奶奶"。村里人看完电影《柳堡的故事》，觉得她像电影里的二妹子，又都叫她"二妹子"。

看到落魄的刘绍棠，杨广芹"心里就一激灵"。后来初中毕业回村里负责卖菜，看到刘绍棠每次都来得晚，买不到菜，就同情他、照顾他，特意为他预留一点菜，等他来时悄悄给他。

由此开始，他们的接触越来越多，慢慢成为无话不谈的"忘年交"，后来又发展成"忘年恋"。

杨广芹用自己无畏无私的爱，关照、呵护、支持刘绍棠。其间因为她是团委书记，不肯批判刘绍棠，三次被取消推荐上大学的机会。即使如此，她也无怨无悔。

苦难中的刘绍棠，也深深爱上杨广芹。但杨广芹知道刘绍棠在北京有妻子孩子，更知道他们的不易。她坚定地、傻傻地、痴痴地爱着刘绍棠，不图名，不图利，不奢望婚姻。

直到刘绍棠渡过劫波回到北京，重登文坛，再放异彩。

她才嫁给他人。

不过，她依然以"二妹子"的姿态关怀着刘绍棠，做他小说的第一个读者。他们书信传情，互诉衷肠。

三卷本长篇小说《桅顶》完稿后，刘绍棠在给杨广芹的信中说："如果没有你爱情的光、火、力、热，我一个人是没有如此磅礴的心力来把它完成的。因此，这部长篇小说，乃是我们的爱情的结晶——我们的女儿。"

刘绍棠曾经对杨广芹说："等你五十岁的时候，我六十五岁，我们一起来写我们自己的事，作为你五十岁生日的献礼。我相信事情写出来，发表了，肯定有三种反映：吃一惊、吓一跳、不相信。"

还没有等到杨广芹五十岁，刘绍棠就走了。

如今，杨广芹口述、由沱沱记录的这本书出版了。杨广芹说：成全、隐忍、苦和乐，我甘之如饴，经年往事，是我自珍的回忆，出这本书，是我唯一答应他的一件事。

宗教解困破局

叶小文《中国破解宗教问题
的理论创新和实践探索》

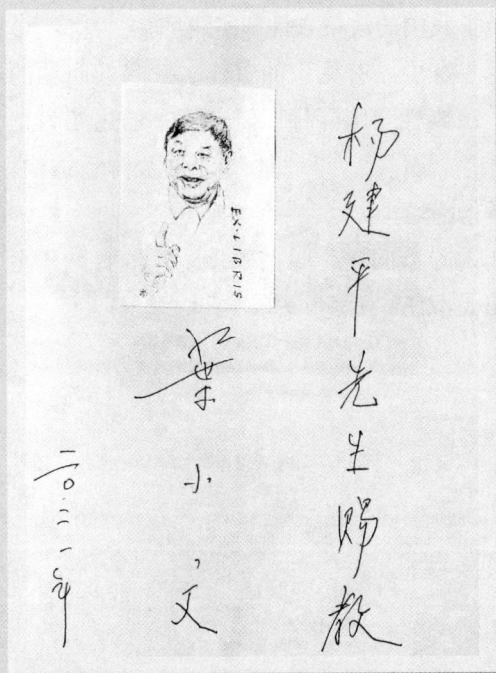

叶小文在国家宗教事务管理部门担任领导职务十八年，对宗教问题有着独特的理解及体悟，他的《中国破解宗教问题的理论创新和实践探索》一书，是站在"治国理政"高度，对我国宗教问题的理论思考和宗教工作的实践总结。

书中从宗教的社会功能、宗教的发展历程、国家形势和任务的特殊复杂性，多角度、宽视野地论述宗教问题的长期性和群众性，并就如何根治宗教问题上的短视症和片面性，提出对策：抓住关键，落实要点，解决难点，坚守基点，深入重点。

作者还从文化基础、社会背景、指导思想、主要内涵四个方面探索了"和谐社会的宗教论"。

如何正确处理我国民族地区的宗教问题，发挥宗教积极作用，书中总结了我国的政策方针和实践经验。

这是一部有论、有史、有见识的著作。对宗教问题的长期性、群众性、民族性、国际性、复杂性，论述尤为精到，对宗教的"情""识""为""体"的复杂体系结构，剖析精准，表述通俗易懂。

读这本书能让人弄清问题、明白事理、开悟智慧，至少在宗教问题上使人不枉、不迷。

苦难与奋斗

阎连科《日光流年》

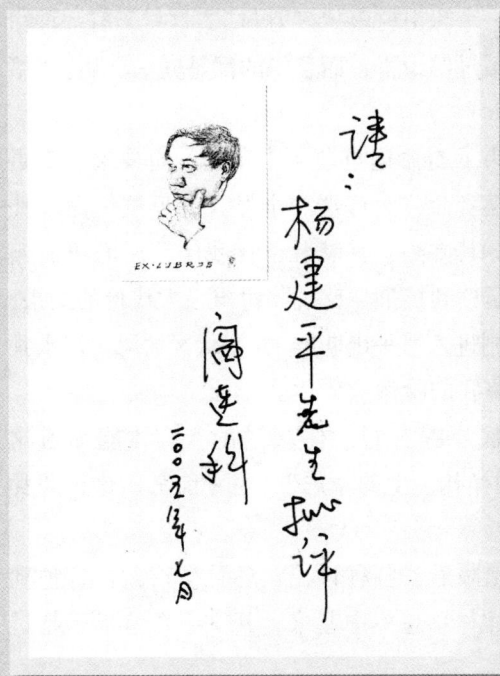

阎连科的小说，产量高，质量高，销量也高，且风格多变，文体创新不断。

有许多乡土气息浓郁的传统现实主义的力作，笔下流淌着乡土生活的淳朴厚重、乡村人情的炽热实在。

也有许多怪诞另类的魔幻现实主义佳作，那种亦真亦幻的场景呈现和故事描述，让人大跌眼镜后又不得不叹赏：原来小说还可以这样写！

《日光流年》是阎连科小说创作的一座里程碑，也是他探索魔幻现实主义的呕心之作。

在此之前，阎连科写小说大都是一气呵成，很少改稿子。但这部《日光流年》，他说他写了三个月，修改了半年，最初的四十六万字，硬是"精炼"掉十万字。

故事发生在一个深山村落"三姓村"。这村子有一种宿命，所有人都活不过四十岁，而且得的都是同一种病："堵喉症"。

村里的人们为了与命运抗争，卖苦力、卖皮肉、卖婚姻、卖色相，甚至卖命、卖尊严。全村人为反抗宿命前仆后继、无所畏惧，其惨烈、其悲壮，让我阅读时心里有撕裂般疼痛。特别是读到抗争与反抗，付出极大代价的结果，却是"从一出悲剧进入另一出悲剧"，我伏案大哭，泪水犹如滚烫的开水灼烧我的脸颊。

只有在农村底层挣扎过、体会过的人，才能知道这"生的痛苦、生的挣扎、生的意志"，也才能写出这种悲壮和惨烈。

当年这本书出版后，各种评论、各种争议，在各种刊物上唇枪舌剑。林林总总集中起来，其文字数量早已超过小说的字数。

十七年过去了，如今再读，那种生命的希望和绝望交织纠缠的感觉，那种无畏无惧抗争拼搏的精神，那种粗暴强悍激越的文字表达，犹如惊涛拍岸一般击打着我的视觉和听觉、经验和思考。

大散文的大格局

梁衡《觅渡觅渡》

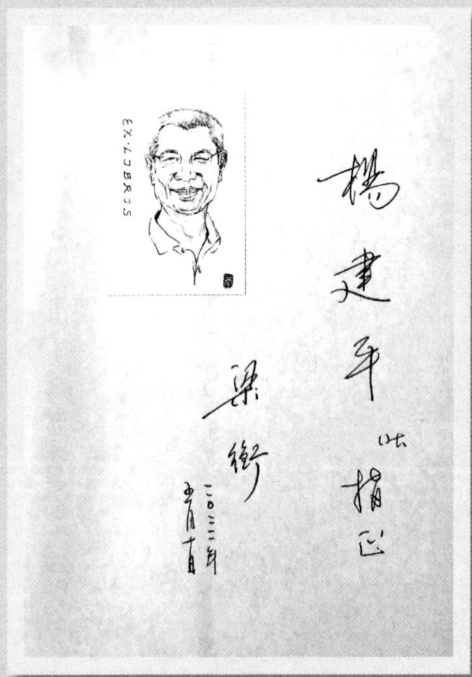

梁衡是新闻界的"高官"，曾担任新闻出版署副署长、人民日报副总编辑；也是散文界的"高手"，其所写的《晋祠》《夏》《跨越百年的美丽》《把栏杆拍遍》《武侯祠，一千七百年的沉思》《青山不老》等多篇散文入选中、小学课本。

我们上中学时，课本上最多的是杨朔的散文，我们认为那就是"模范"。后来读了梁衡的散文，还有他对杨朔散文的批评，才醒悟到自己陷入那个"窠臼"，是走偏了、走小了。

这次，拜读他的《觅渡觅渡》，深感他的眼界、胸襟、思想、笔力，非一般人所比。《晋祠》《大无大有周恩来》《把栏杆拍遍》《武侯祠，一千七百年的沉思》《红毛线，蓝毛线》等名作，读来让人荡气回肠，浑身通泰。还有"青史如镜"一组散文，对辛弃疾、李清照、诸葛亮、韩愈、柳永、林则徐、项羽、左宗棠等历史人物的品评，别开生面，令人沉思。

尤其是他那篇《提倡写大事大情大理》，既是他散文创作的宣言，也是对当下一些散文"远离国家民族时代重大主题，醉心小情调、小趣味"的针砭。

"什么事能激励最大多数的人？只有当时当地最大之事，只有千万人利益共存同在之事，众目所瞩，万念归一，其事成而社会民族喜，其事败而社会民族悲。""于一人私利私情之外，更有国家民族的大利大情。""从大事中写人、写情、写思想，升华到美学价值上来，是为真文学、大文学。"

古人形容苏东坡的词，"须关西大汉，执铁板，唱大江东去"。我以为梁衡的散文，也可以"如此形容"。

左手也能写？

莫言《莫言墨言》

杨建平先生正

供销社是联

通工农的金桥

莫言

莫言早年家贫，赶上特殊年代，没有怎么正经读过书，据他自己讲，只读过五年小学。

参军入伍，本来是要当"上马击狂胡"的战斗英雄，不料，文才竟然早早"冒尖"，从此就走上文学之路，成为第一个获得诺贝尔文学奖的中国作家。

莫言本来是写小说获的大奖、出的大名，结果他给我签名的几本书，我最喜欢的却是一本书法兼打油诗的书《莫言墨言》。

展卷阅览，惊喜不断，直呼："莫言这个人，好玩！"

书里收录的都是莫言自己的墨迹，所书写的内容，有的是古人诗句，有的是人生格言，更多的是他自己所创作的打油诗。许多诗句"俗中见雅"、亦庄亦谐，让人读来会心一笑、受到启发、了"悟"情趣。

其中，有一幅字写的是"李白醉酒诗百篇，老莫醉酒睡三天。不怨当今酒不好，只怪酒量不过关"。行书字，写得醉态潦倒；打油诗，写得幽默风趣。

还有，"为文要营孤独境，赏梅须持寂寞心。紫陌红尘热闹处，哪有几个素净人"。字就变得金钩铁划，诗也显得清雅孤傲。

莫言在书中写道："对于写打油诗，我过去是闹着玩的，今后应当成文学创作的一部分，认真地写，诚恳地写，打油也要卖力气，争取能打出几滴'香油'来。"

书中最有意思的是他与杨振宁的一段趣事。莫言写道："2012年我被中央电视台评选为'中华之光·传播中华文化年度人物'，他们请杨振宁先生做我的推荐人。杨先生是科学巨擘、社会名流，能请他上台，实属不易。我涂鸦了一副对联赠他，联曰：'仰观宇宙之大，俯察离子之微。'

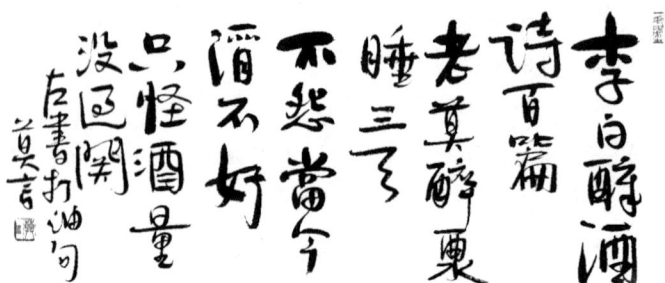

后来又遇到杨先生，他说：'莫言，你送我的那幅字，一直挂在我的客厅里。'"

两个获得诺贝尔奖的大人物之间的一段文墨佳话，颇有风雅之色。

对于书法，我就是看个热闹，说不出个子丑寅卯。莫言的字，功底不老到，倒是很有点灵性和才气，特别是和他那些打油诗搭配，很有"莫氏风格"。

书中有不少作品是"左书"。左手也能写成那样，比我右手都写得好，我不能不佩服他。

爱与怨

朱敏《我的父亲朱德》

朱敏，是朱德总司令的女儿。她的经历和她的父亲一样充满传奇色彩。

她写的《我的父亲朱德》，写出了特别的父亲和特殊的女儿的故事和亲情，有许多鲜为人知的细节，有许多非同寻常的父女之情。同时，书中也从独特的角度，侧面描写了毛泽东、周恩来、刘伯承、彭德怀、贺龙等人与朱德的交往、交情。

书中对朱德的记述，除了传奇的革命经历外，还有大量的生活故事和儿女亲情，让人看到元帅丰富多彩的人生、立体全面的形象。

朱德从蔡锷将军麾下的滇军旅长，到脱下戎装、戒掉大烟、出国留学、追求真理的经过，书里有详细的叙述，尤其是对朱德在德国的革命斗争经历，包括被抓进监狱等，写得比较完整、详细。

朱敏是朱德和贺治华的女儿。朱敏在书中讲述了父母"相爱"携手一起到德国留学，后因生活观点分歧在莫斯科"争吵"分手的故事。

朱敏出生那年是1926年，朱德四十岁，所以给她起个乳名：四旬。

朱德和贺治华分手后，一岁多的朱敏被她母亲送到边境线满洲里，交给从成都赶来的小姨贺某某带回成都，由其姥姥抚养，直到她十四岁，才在周恩来的寻找、安排下，从成都到延安第一次见到父亲朱德。不久，朱敏就和毛泽东的女儿娇娇等一起，被送往苏联莫斯科学习，化名叫"赤英"。

书中还披露，当时周恩来和斯大林亲自谈判约定：这批中共子弟，在苏联只求学，不上前线。

朱敏在书中写道:"命运并不一味按照人们的设想那样准确与公正地变为现实。我便是大人设计美好命运所意外的那一个女孩,一个奔向美好命运却投进更加苦难命运的女孩。"

朱敏在苏联国际儿童院学习时,苏德战争爆发。她在一个休假的农庄被德国纳粹掳走关进集中营,受尽各种苦难,九死一生,竟然奇迹般生还。为寻找她的下落,斯大林曾经亲自给朱可夫元帅下指令。

书中这一部分亲身经历的描写惊心动魄、生动丰富、弥足珍贵。

对于离多聚少的父女之情,朱敏写得细腻、真切,在苏联,在集中营,那种生死不明的思念、寻找,在"文化大革命"风雨中,那种近在咫尺却无法回家探视的担忧,读来心里有丝丝牵绊和隐痛。

朱敏说:"我深爱爹爹,因为他是亲人。我抱怨爹爹,因为他是伟人!"

《道德经》，新解读

钟茂初《〈道德经〉新识及
其生态文明启示》

杨建平先生指正

钟茂初

2022. 4. 19

我的家乡在三门峡，那里的灵宝市有千古雄关函谷关。函谷关除了军事上赫赫有名外，文化上也是声名远播，因为古代思想家老子骑青牛、入函谷，在函谷关著述《道德经》后，西去而不知所终。

至今，函谷关还有一块据说是老子趴在上面写《道德经》的大石头，已被慕名而来的游客抚摸得油光锃亮。

因这点缘分，我喜欢时不时翻看《道德经》，也留心各家对《道德经》的解读注释。

南开大学教授钟茂初，在全国政协与我同一小组，彼此熟识后，才知道他不仅仅是个经济学大专家，对古代经典哲学典籍也有很高研究。他的新作《〈道德经〉新识及其生态文明启示》，使我大开眼界，其中对《道德经》原文的新认识、新释义，解开了我以往许多的困惑。尤其是每个章节最后的"生态文明启示"，见解独到，顺理成章，我觉得很有新意，也很有味道。

比如，第五章，作者在"生态文明启示"中写道：

"天地不仁"的启示是，人类作为自然生态系统中的一个物种种群，自然生态系统也没有赋予他特别优越的生态权力和利益，他的"权利"就是在不损害自然生态系统稳定的原则下，寻求自身适合的位置和发展路径；同时，它还有"责任"维护及不损害其他物种种群的生态权利。

"以万物为刍狗"的启示是，在自然生态系统之中，人类和各种生物物种种群之间，其需求满足是存在一定顺位的。总体而言，满足初生生命的基本需求，处于第一优先顺位。

"虚而不屈，动而愈出"的启示是，对于自然
生态这个并不十分稳定的系统，人类的行为越多
越剧烈，那么，所带来的不确定性、不稳定性因
素就越多。所以，人类应减少不必要的行为。即
使对于那些明显增进人类效用的技术进步，也要
充分预估其生态环境风险，换言之，就是技术发
展也应有所节制。

　　"多言数穷，不如守中"的启示是，自然生态
系统，有其自身的波动，并可能由此而给人类带
来自然灾害，这是难以避免的。但对于这些可能
的自然灾害，与其刻意地预防或通过改造自然的
方式去抵御，还不如坦然地面对。

在《道德经》第八章，"生态文明启示"中，作者
写道：

　　"上善若水"的生态文明启示在于，"顺应自
然"是生态文明的基本准则，凡是抱持"改造自
然""破坏自然"理念的经济活动，都是背离可
持续发展方向的。

　　"水利万物而不争，处众人之所恶，故几于
道"的生态文明启示是，人类顺应自然所进行的
经济活动，必定带来相应的生态环境影响。但是，
自然生态系统有其一定范围内的自净化能力。所
以，只要是顺应自然且在生态承载力范围内的经
济活动，依然是"几于道"的行为。

作者坦言："《道德经》是一个关于认识自然、认识人类与自然的关系、认识人类社会与自然世界关系的哲学思想体系；当今时代的生态文明思想、可持续发展思想，则是关注人类赖以生存的自然生态系统可持续性、关注人类与自然生态系统的关系、关注人类社会行为对于自然生态系统的影响。两者对人类与自然系统的良性或者异化关系的深切关怀，使得两者之间有着天然的相通性。"

"从《道德经》的哲学思想去思考生态环境问题，可以给现代人类深刻认识这一问题带来诸多全新视角的启示。生态文明和可持续发展理论所倡导的'尊重自然、顺应自然、敬畏自然'的思想，极为符合老子《道德经》所蕴含的哲学思想。""生态文明的完善也必定可从《道德经》之中汲取合理养分。"

《道德经》，犹如莎士比亚笔下的"哈姆雷特"，每个人读《道德经》都会有自己的认识和理解。

但从生态文明的角度梳理哲学思想的启示，钟茂初是我所见第一人。

说老未必老

成龙《成龙：还没长大就
老了》

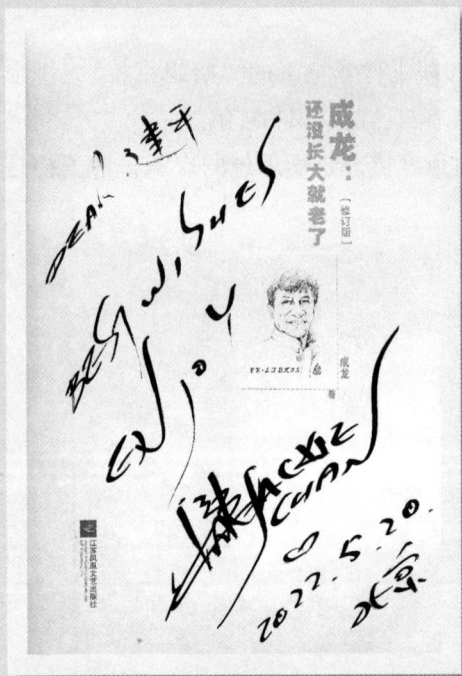

2016 年奥斯卡终身成就奖，颁发给了成龙。

这是迄今为止第一个华人获得这个奖项。

成龙也是这个奖项目前最年轻的获奖者。

2015 年出版的这本《成龙：还没长大就老了》，当时就很热销，一年后再遇获奖的东风引爆，更是火得一塌糊涂，不仅中文版的书一版再版，而且还翻译成各种文字的版本纷纷上市。

这本书是由成龙口述、朱墨记录整理而成。全书口语化，读起来就像是面对面听成龙在绘声绘色地讲述自己的故事。幽默、率性，间或有些顽皮甚至"混不吝"。

从少年的张狂到青年的奋斗，从艰难曲折到大器晚成，从小武行到大明星，从香港到好莱坞，这本书里，可以看到一个国际巨星成龙，是如何修炼而成的。

从初恋的青涩到多情的选择，从婚姻的甜蜜到出轨的错误，从亲人的温暖到朋友的义气，这本书里，也可以看到普通人成龙，如何喜怒哀乐。

书中体现出少有的坦诚、直率。不论好事坏事、大事小事、喜事丑事、趣事糗事，一概直言快语，不遮不拦。书的封面上有两句话：翻开成龙，洞悉秘密。读完才知，此言不虚。

我特别喜欢看他电影之外的日常琐碎，他在书中讲述了许许多多特殊的人物、多彩的故事、别样的感情。

光环背后的故事更吸引人，也更感动人。例如，他和一个毁容的姑娘的私密往事，就很真实感人。

回想当年，喜欢成龙的功夫电影，迷恋他那亦庄亦谐的表演。如今，年事已高，不再喜欢看那些打打杀杀的电影了，但成龙的这本书，还是喜欢读一读，尤其是这句

"还没长大就老了"，让我感同身受。

在全国政协会议期间，曾拜托成龙要一本签名书，不料想，他竟然选在今年的"520"，签名赠书给我，还不失暧昧地写了几句英文。收到书的那一刹那，我似乎看到了他的坏笑。

清醒才能自信

王蒙《王蒙谈文化自信》

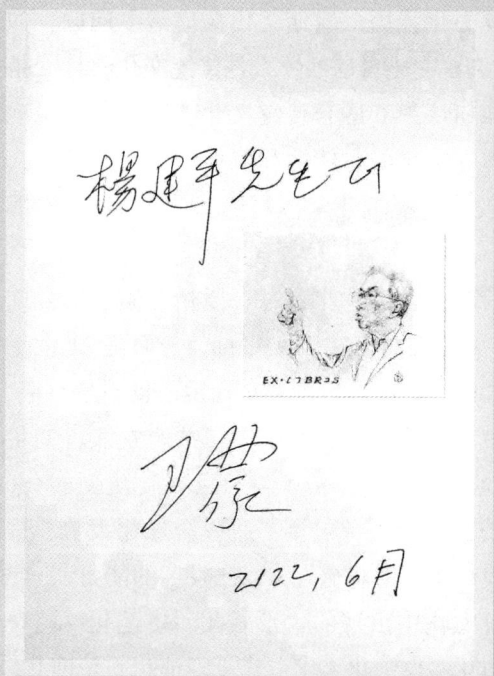

王蒙的小说《青春万岁》，曾经是我们一代人的青春读物，我们青春的琴弦，是在这部小说的弹奏下发出奏鸣的。

后来陆陆续续读过不少王蒙的小说，他的作品题材丰富、贴近现实，写作风格、写作手法灵活多变、不断创新，作品中对人世百态的通透体察、精准描述，表现出作者的睿智、幽默、深刻，给人启发回味，虽然少了那种激动、畅快、迸发。

当了文化部部长后的王蒙，除了依然勤奋写作，更关注文化建设问题。

这本《王蒙谈文化自信》收录的是他退休后，总结研究观察文化问题的文章，许多是党的十八大以后的最新成果。

书中围绕建设文化强国、增加文化自信诸多问题，如"什么是文化？什么是文化自信？什么是传统文化？什么是文化的现代性？如何认识和融合传统文化、革命文化、现代文化？如何处理好文化的主体性和多样性？如何防止文化的片面化、分裂化、极端化？"展开论述，发表了精辟见解。

对于文化自信与国学热，作者有一段精辟阐述：强调文化自信，"不是汉唐明清人在讲文化自信，而是21世纪中华人民共和国人民讲文化自信；不是孔孟，也不是秦皇、汉武、康熙、光绪讲文化自信，而是中国共产党人讲文化自信"。"我们的文化自信，包括了对自己文化更新转化，对外来文化吸收消化的能力，包括了适应全球化大势、进行最佳选择与为我所用、不忘初心又谋求发展的能力。"

针对弘扬传统文化中出现的"形式化、皮毛化、消费化、口号化、表演化、煽情化、卖点化、圈地化、抢滩化"

苗头，作者特别指出：文化建设有它的复杂性、细致性和长期性，不能简单化、片面化，更不能急躁冒进。

关于核心价值观的宣传，作者认为"这是对于世道人心的喊话"，"要贴近与引领人心"，"价值建设的关键在于与人心对接"。

对于莫言获得诺贝尔文学奖引发的各种议论，王蒙先生以资深作家、文化大家写了《莫言获奖十八条》，生动有趣、客观多元，让争议消解，让疑惑释然。

EX·ㄣㄐㄅㄖㄌㄕ

改革的鼓手

魏杰《魏杰学术自传》

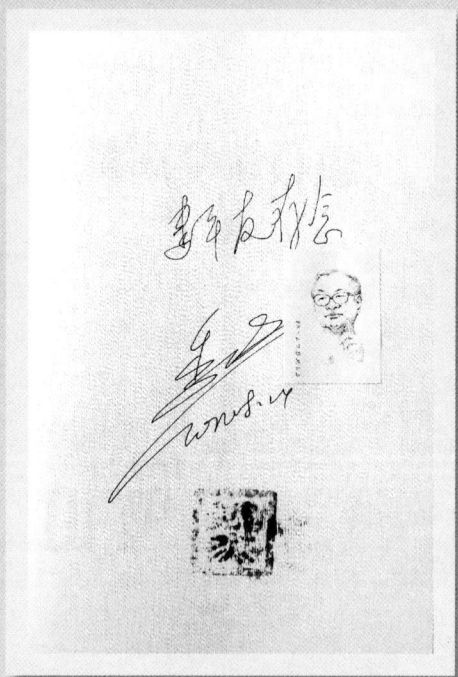

魏杰教授是我最早认识的经济学家，二十多年来，听他的讲座最多，读他的著作最多，也从中受益最多。

　　我最喜欢他面对现实问题的直言、敢言、会言，更喜欢他与人交往的随性、厚重。

　　他的著作和他的讲座，都是深入浅出的白话，很少做"学术包装"，更不"装腔作势"，但句句在理，篇篇解渴。读他的书、听他的讲座，方知什么是"道不远人"。

　　《魏杰学术自传》是魏杰教授对自己学术生涯的回顾，也是对自己学术研究脉络的梳理，更是对自己学术成果的反思。

　　魏杰教授在书里记述了自己早年饿肚子求学、卖豆芽赚钱吃羊肉泡馍等经历，并说"我对中国改革开放坚定不移地拥护与参与的朴素情感，恰恰来自我的童年与中学时代"。书中有不少把个人经历、个人观察、个人体验和学术研究糅合在一起的叙述，体现出作者真实和真诚的赤子之心。

　　书中《我对中国改革开放进程的审视和感悟》这一部分，我仔细看、反复看，许多往事涌上心头，觉得仿佛又重走了一次"改革开放四十年"。当年那些重要争论、重大突破，先行者的理论勇气、实践闯劲、为国为民的担当精神，如今回望，更加觉得可歌可泣；打破旧体制的艰难曲折，建立新体制的大胆探索，新旧体制磨合的种种不适，如今读来，仍历历在目。魏杰教授从政治高度、理论深度上的总结梳理，使我们这些亲身经历的所谓"过来人"，更清醒、更坚定地拥护改革开放、赞颂改革开放，并全力推进全方位的改革开放。

　　企业，是经济社会中最关键、最活跃的经济细胞。魏杰教授长期关注企业问题研究，有人戏称他是"企业经济学家"。一次朋友聚会，他骑着小黄车来，又骑着小黄车去。朋友开玩笑，说他骑着小黄车不像个大教授。他笑着说："这是真切体验新经济，我的学问都是从这里来的。"望着他娴熟地骑着小黄车远去的背影，我才知道他是中国这片泥土长出来的经济学家，我也理解了"纸上得来终觉浅，绝知此事要躬行"的诗意。

在这本学术自传中，魏杰教授对自己的企业经济学研究，从"制度问题""战略问题""文化问题""定位问题""哲学问题"五个方面，提纲挈领地总结提炼，让人读后有"醍醐灌顶"之感，有"纲举目张"之慨。

全书的主题就是"为改革开放鼓与呼"，全书的风格依然是他惯有的坦诚、敢言。

对于推动社会和谐，他提出警醒："'打富济贫'并不是社会和谐的要求，它恰恰有悖于社会和谐的基本原则。'保富济贫'才是社会和谐的目的。承认不同社会阶层的应有经济利益，并保证他们在经济利益的差异下实现利益的共同增长，是社会和谐的内在含义。"

谈到实现社会公平，他说："讨论收入差距，进而评价社会公平问题，我们应该有一种法治意识。无论高收入还是低收入，只要合法，就是公平的。收入的公平性不在于收入的高低，而在于收入是否具有合法性。同时，还要严格区别'法人财产'与'自然人财产'。"

论述非公有经济自我提升问题时，魏杰教授尖锐指出："拥有财富不能无视法律；拥有财富不能无视公德；拥有财富不能无视责任；拥有财富不能无视学习；拥有财富不能无视人权。"

这虽是一部个人的学术自传，但却折射出中国改革开放四十多年翻天覆地的变革历程。本书的价值，我以为已超出个人成就和经济领域。

老六在歌唱

张立宪《闪开，让我歌唱八十年代》

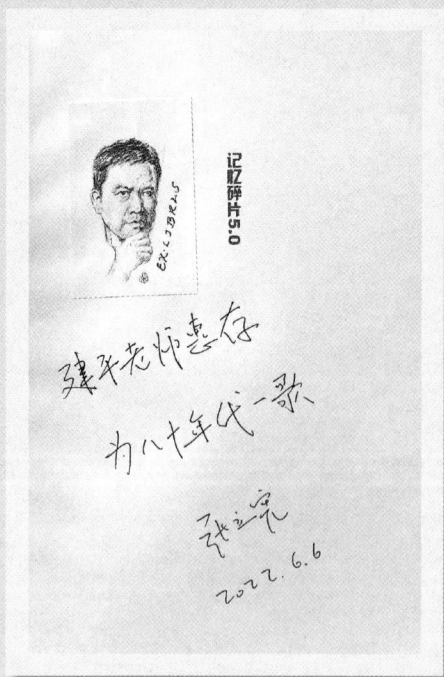

《闪开，让我歌唱八十年代》这本书，原本书名不是这样，2008年出版时叫《记忆碎片》。当时编辑为了营销，给书做了个腰封，腰封上印了一句话：闪开，让我歌唱八十年代。

后来再版时，书名就变成了腰封上的那句话。我手头的这本，是第四次印刷的《记忆碎片》的5.0版本。

作者张立宪是《读库》主编，江湖上人称"老六"，是一个公认具有工匠精神的出版工作者。在一次《读库》举办的年会上，张立宪和窦文涛主持，张立宪真诚而庄重，窦文涛则调侃不断，他们俩在台上信马由缰地乱侃，一庄一谐，现场气氛很活跃。

年会间隙，我和张先生聊过几句。

我说，80年代我订阅《读书》，90年代我订阅《读者》，2000年以后，我订阅《读库》。我办公室的书柜和家里的书柜，横七竖八地放着许多《读库》，出差时，我也会携带《读库》翻阅。曾有不少朋友纳闷，你怎么会坚持订阅这种"冷杂志"？还有朋友在我办公室特意翻阅《读库》，看我是真的看过，还是摆摆样子，当看见我的随手批阅标记时，偷偷笑了。

听到这里，老六露出老六特有的微笑。

对于生于60年代、成长于80年代的所谓"六八式"大学生，我对80年代是心存感激地念念不忘。时代激荡的风云变化和青春的热血奔涌碰撞在一起，给时代、给我们，都留下了难以磨灭的记忆。

这本书，正是对80年代我们鲜活青春的复原拼贴，读着书中关于"校园的记忆碎片""电影的记忆碎片""读书的记忆碎片""足球的记忆碎片""写信的记忆碎片""买碟的记忆碎片""评书的记忆碎片""打架的记忆碎片"
"毛片的记忆碎片""电脑的记忆碎片""泡妞的记忆碎片"
"麻将的记忆碎片""喝酒的记忆碎片""杂志的记忆碎
片",我们仿佛又"活过"一次 80 年代。

作者的文笔汪洋恣肆,把那个时代的点点滴滴都写得
真切细腻,生动有趣。作者的心思缜密巧妙,能把细碎散
乱的记忆碎片,编织成一幅幅色彩斑斓的图画。作者的眼
界宽阔高远,小中见大地写出时代的风俗长卷,高瞻远瞩
地勾勒出时代前进的洪流与浪花。

这是一本完全个性化的私人写作,所有人物故事,都
是作者自己的独特经历。这也是一本一代人的生活样本,
所有的故事人物,我们都能从中找到自己的影子和例子。

读这本书,就像看周星驰的电影,觉得"不严肃、不
正经",有时你会流泪,有时你会大笑或者傻笑,但他却真
实描述了"80 年代"的生猛。尤其是书后的四篇《后记》,
标记了这本书四次印刷的"年轮"和作者对 80 年代的
爱恋。

张先生给我题写的赠言:为八十年代一歌!

我怀念 80 年代,我喜欢这种歌颂的"调调"!

坐着轮椅去追梦

张海迪《轮椅上的梦》

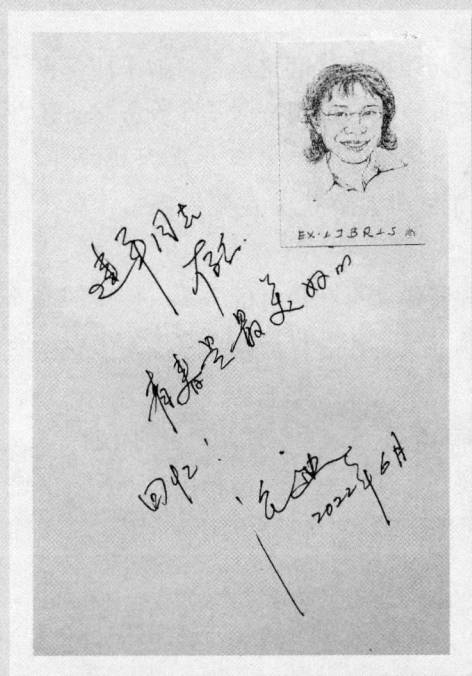

张海迪，是我们一代人的青春偶像，如今已年过花甲，我仍对她充满敬意。

回想走过的人生道路，我身上所具有的那么一点点不怕吃苦、不怕吃亏、不怕委屈、奋发向上的精神，大多是受她感染、启发而得。

记得当年在报纸上读她的事迹，在电视上观看聆听她的演讲，深深被她自立自强、奋斗不息的精神所感染，不自觉地热血沸腾、泪流满面。

海迪大姐的这本小说《轮椅上的梦》，是她二十多年前在轮椅上写出的旧作，当时风靡，几次再版，后来日本和韩国也翻译出版了这部小说。

至今，我还记得大学同学如饥似渴地传阅这部小说的情景。

两鬓斑白的我，如今再次捧起这本书，似乎捧着自己的青春岁月在一一回味。书里的那个残疾少女方丹，还有黎江、维娜、谭静、维嘉、和平、雁宁，那闪光的青春、真诚的友谊、昂扬的奋斗，好像又在我们眼前、在我们身边。

海迪大姐自身独特的经历和独有的文笔，使这部书读起来如见其人、如临其境，让人很快就会沉浸在书中而废寝忘食。

那个坐着轮椅追梦的方丹，无疑就是海迪的化身。

电视剧《雪山飞狐》里，有罗大佑创作的一首歌《追梦人》，歌词唱的是"让青春吹动了你的长发，让它牵引你的梦"。

我们这一代，许多人的梦想，都是被海迪那青春的长发所吹动、所牵引。

266

三千套防护服的特殊旅行

任启亮《特殊的旅行》

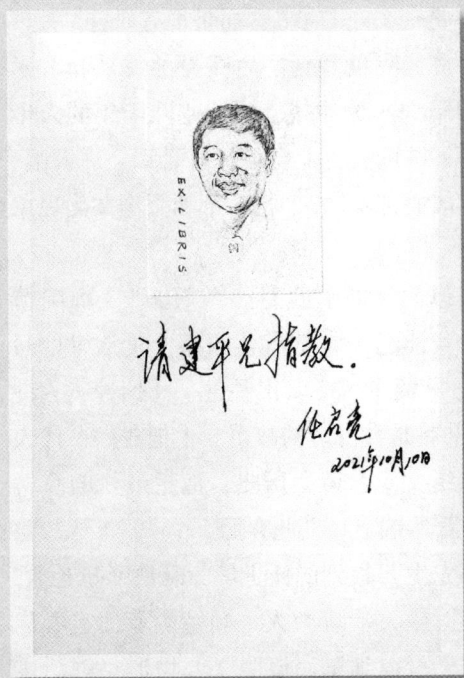

请建平兄指教.

任启亮
2021年10月10日

认识启亮兄很偶然，是一次吃火锅吃出的交情。

火锅吃得热火朝天，就拉起家常，说些彼此的过往经历，我们便有些相见恨晚的意思。他的家乡在淮北，我的家乡在豫西，但我们都喜欢豫剧《朝阳沟》。我问他这个安徽人怎么会喜欢上我们河南的豫剧？他说他有文章写了，送我看看。

这就是他的散文集《特殊的旅行》。

拿到书我就直奔那篇《喜欢豫剧朝阳沟》。

他对豫剧《朝阳沟》的创作背景、艺术特点、人物塑造、唱腔韵律，真个是烂熟于心，写起来行云流水，一下子把我带到过去乡下看戏的场景中。特别是他对戏剧中几段唱词与人物内心变化、人物性格塑造的分析，使我感到他对《朝阳沟》不单是一个"喜欢"，而是很有研究。

当然，从这篇散文，我也看到了启亮兄的文采和艺术鉴赏水平。他以《朝阳沟》为主线，勾连起几十年的人生经历，戏里戏外、乡下城里、台上台下、自己唱、别人唱、大家唱，真所谓"形散而神不散"，把一个朝阳沟文化现象写得绚烂多姿。

也许我们经历相似，对书中的"心系田园""绵绵情思"两部分的散文，我读起来常常有代入感，总觉得他写的《记忆红薯》《麦子黄了》《瓜田诱惑》《回家过年》《我的父亲母亲》仿佛就是我身边的故事。他把我们一代人的乡愁记忆复原成锦绣文章，留存历史；他把过往的乡村人物以白描手法让其跃然纸上，立此存照。

书里那篇《双料先生》提到的任士华，既是民办老师，教书育人；又是赤脚医生，治病救人。勤勉敬业，宅心仁厚，恩济乡里。启亮兄写得细腻、温暖，人物形象鲜活生动。此类为乡贤立传的文章，书中还有许多。

《特殊的旅行》是一个感人泪下的故事：一位在爱尔兰读完博士留下来创业的山东泰安姑娘，2020 年疫情初起时，从爱尔兰设法购买三千套防护服等大批救援物资装满十三个大纸箱，由于货运太慢，自己坐飞机亲自携带回国，在机场交给泰安有关人员后，当即飞回爱尔兰，再次组织医疗物资又一次亲自携带回国，这次是三十二个大纸箱。

作者说看见她挥别的身影，"眼睛有些湿润"，我读着这篇文章，眼睛在流泪……

请记下这个女博士的名字：刘雪梅！

梦中飘着红衬衫

铁凝《没有纽扣的红衬衫》

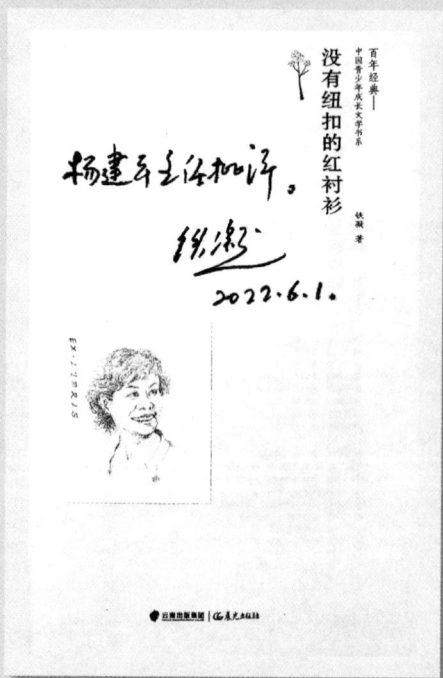

我的青葱年代，读过不少铁凝的小说，尤其喜欢《哦，香雪》和《没有纽扣的红衬衫》。

如今回想，读《哦，香雪》时的如痴如醉，仿佛就在昨天。小说里的人物形象、生活场景，和我的乡村生活似像非像，总会不自觉地拿小说与我身边的人与事相对比、相映衬。心里时而甜蜜，时而酸楚。

那时我正在痴迷文学，对作者那清泉似的文笔尤其崇拜，很想模仿。当时，看到作者名字叫"铁凝"，就觉得这跟我们村里叫"铁蛋"一样，一定是个土生土长的"爷们儿"。

后来又看到《没有纽扣的红衬衫》，那种城市里女孩子的青春浪漫、姐妹情深以及那件没有纽扣的红衬衫，又陌生、又好奇，还有那似有若无的爱情，充满诱惑和魅力。读着小说，心里面似乎总有纤纤玉指在撩拨我青春懵懂的心弦。读完小说，安静、安然姐妹俩总在我的梦中晃来晃去，尤其是那件没有纽扣的红衬衫，总让人遐想，或者瞎想。

这时我已经知道铁凝是个女作家，也看到照片，青春靓丽。很为自己当初的想当然而羞愧。

此后，为了五斗米忙忙碌碌，文学的梦，离我渐行渐远。但铁凝的《麦秸垛》《大浴女》等小说，我还是挤时间看过一些。作品的深度、厚度，比《哦，香雪》《没有纽扣的红衬衫》更上层楼，但我已经没有当初那种穿心走肺的阅读刺激。

现在，闲下来，可以随心所欲读书了。我又捧起铁凝的《没有纽扣的红衬衫》，慢慢读、细细读。心里那种过往的青春，慢慢在苏醒，许多与小说无关的青春往事，也随着小说的阅读，活蹦乱跳地呈现在脑海里。

"此情可待成追忆，只是当时已惘然。"

灵魂的唤醒

靳诺《人大学记》

建平 郇公指正！

靳诺
2021.12.8

靳诺大姐有丰富的人生经历，在北京出生、上学，在新疆下乡插队、参加高考，考回北京上大学，留到北京工作，又提拔到新疆当领导，在边疆工作多年后，又调回北京担任中国人民大学党委书记。

靳诺大姐长期在高校、教育部工作，有很高的学识水平，无论是台上讲话，还是台下聊天，浑身处处体现"知性"风度。

她的这本《人大学记》，是她几十年从事教育工作的思考总结。书中有她自己对教育的热爱、对青年的期许、对人生的感悟、对高校管理的心得体会，还有她对师长、对同学、对朋友的感恩和怀恋。

其中，《在大学最美好年华找寻人生答案》《扎根中国大地办教育》《文化守望者》等文章，反复阅读，滋味隽永。

我最喜欢她在书中引用的德国哲学家卡尔·雅斯贝尔斯的一段话："教育是人的灵魂的教育，而非理智知识和认识的堆积。教育是一棵树摇动另一棵树，一朵云推动另一朵云，一个灵魂唤醒另一个灵魂。"

读完此书，对大姐多了一分了解，也多了一分敬重。

写副春联过新年

郑福田《吟和快意》

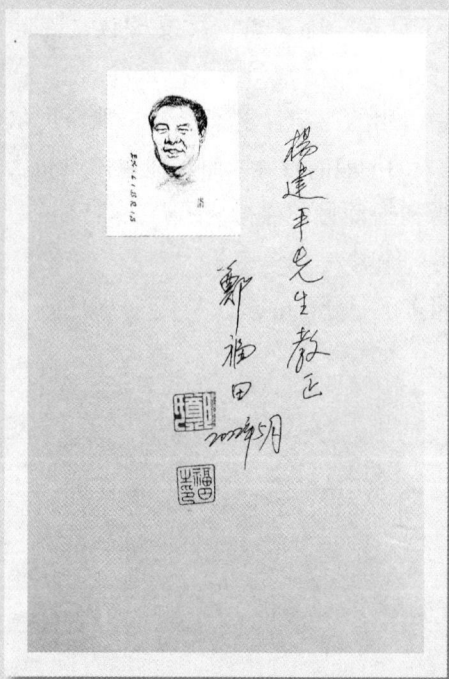

福田兄担任内蒙古师范大学副校长多年，又是内蒙古政协副主席，但他"仕不忘学"，始终倾心学术研究，尤其擅长诗词、音韵、先哲思想研究，成果丰硕，著作洋洋大观。

临近新年，家家都在酝酿贴春联、过新年。我再次翻阅福田兄的《吟和快意》，顿觉春意盎然、快意盎然。

这是福田兄和范曾先生多年酬和往来所作诗钟、联语的结集。书名由范曾先生题写，书的序言也由范曾先生亲自用书法题写。书中分上下卷，上卷为"诗钟"，下卷为"联语"。

相对于"对联"，"诗钟"在韵律、对仗、逻辑、词性、用典、修辞等方面，更讲究，更严谨，更考验学识才能，是古代文人一种限时吟诗的文字游戏，今天已经很少有人能驾驭诗钟这种创作形式。

书中许多诗钟、联语，取材奇特，神思妙想，吟和酬唱，更见才气飞扬。品读再三，犹如琴瑟和鸣在耳，三日不知肉味。

比如：

以"洛水｜少林寺"为题，范曾先生的诗钟：凌波大赋怀曹植；坐悟禅思有达摩。福田兄的诗钟：九畤出处神龟渺；五乳阴晴禅境殊。

以"小布什｜庄子"为题，范曾先生的诗钟：妄思导弹输民主；便倚苍梧说养生。福田兄的诗钟：有美共名君实后；观濠侪辈我知鱼。

以"岳阳楼｜耶稣"为题，范曾先生诗钟：不庥我族；原谅他们。福田兄诗钟：名高伟记；历开新元。

以"袁世凯｜镇尺"为题，范曾先生诗钟：惟君头大；

275

奈我纸长。福田兄诗钟：真银元首；是纸押司。

以"鲁迅｜茶"为题，范曾先生诗钟：执旌乎左；恩叶者春。福田兄诗钟：民魂是重；国饮斯馨。

以"胡适｜王安石"为题，范曾先生诗钟：新文作手；古赋斫轮。福田兄诗钟：对真行者；呼好舍人。

以"岳飞｜李煜"为题，范曾先生诗钟：丧生庙贼；垂泪宫娥。福田兄诗钟：公忠鹏举；好句重光。

以"柳永｜李渔"为题，范曾先生诗钟：酒销残月；魂断蒲团。福田兄诗钟：填词有旨；作戏无声。

以"凤凰台｜钱钟书"为题，范曾先生的诗钟：浮云蔽日；窥管画锥。福田兄诗钟：鹓雏游处；学问默存。

以"佛洛伊德｜王阳明"为题，范曾先生诗钟：勾魂解梦；益智合行。福田兄诗钟：西哲说梦；我儒唯心。

以"达摩｜手机"为题，范曾先生诗钟：石前慧觉；掌上乾坤。福田兄诗钟：归宗一履；举指通寰。

以"杨玉环｜李后主"为题，范曾先生诗钟：梨花带雨；玉树为萝。福田兄诗钟：回眸百媚；有目重瞳。

诸如此类的绝妙题材，惊奇诗钟，书中不胜枚举。最应景的还是以"门｜除夕"为题，范曾先生诗钟：为宣大法；待贴新符。福田兄诗钟：开忧七事；守竟通宵。

福田兄在书中写道："诗钟联语，人皆以为小道，予亦以为固小道也。至付之创作，观其具规则、成体格、用典故、严文法、运语简、作意深，若即若离，相对相成，拉开切中，不落言筌，关乎荣辱休咎，审于进退出处，讽咏性情，有助于道，又岂可仅以小道视之？"

诗钟和对联，是汉字独有的艺术形式，也是汉字独特魅力的体现。我自知不学无术，从未敢碰过"诗钟"这样

276

的高深玩意儿。就是偶有对联，也不能工整对仗，完全合辙押韵，只能用村妇之言，近乎打油之类。

兔年将至，疫情侵染，刚刚"阳过"，试作春联，以迎新年：

对联上尽说大吉大利，只是口彩；
新年里多遇顺风顺水，才算快事。

居高而不能头晕

李伟《领导干部要说自己
的话》

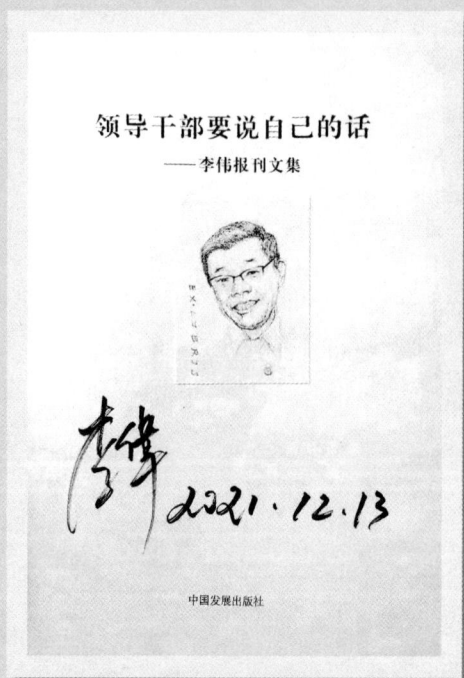

到全国政协，有幸在李伟同志领导下工作，他工作勤奋、学习勤奋、写作勤奋，令人感佩。

《领导干部要说自己的话》，是他以笔名在报刊发表过的文章结集，其中许多文章当年在《人民日报》《文汇报》等报刊上看过，留下深刻印记，但不知道是他的手笔，如今再读，就更增加了亲切和温暖。比如《领导干部要说自己的话》《说说敢于得罪人》《以公荐才与以人划线》《句号别划得太早》，这些文章当时读都很受教益，如今重读还是觉得具有极强的现实针对性。

这本集子，既有短小精悍的世态新语，也有宏大叙事的谋政之言，还有五味杂陈的人生百态。作者的文笔，既能雕龙，又能雕虫，能写《现行粮食流通体制究竟怎么了》《对农村信用合作社改革的思考》《国企呼唤并购重组》《中央企业金融衍生产品业务管理问题及风险防范》一类事关国计民生的大主题、高水平的理论文章，也能写《再读〈皇帝的新装〉》《莫让陶谷之辈得逞》这样活泼辛辣的杂文随笔，还能写《女儿啊，谢谢你》《这片记忆，这份情》《无奈的诉讼》《去了你就说不清》那样刻画细腻、体悟深刻的散文。

也许年龄相近，读他的文章，总有许多经过的人与事拿来对号入座。也会反躬自问，我是不是也有这样的毛病？

《请自问一句：我是谁》，我很喜欢，在此抄录一段自勉：

里根问警卫："你的父亲是做什么工作的？"

警卫回答："是爬电线杆的维修工人。"

里根听后说："你父亲的工作和我的工作有一个很大的共同点。"

279

警卫感到十分惊讶："是吗?"

里根："是的。就是居高而不能头晕。"

这一段记述的真实性究竟有多大，姑且不去深究。然而，这一段文字的含意，却值得为官者，尤其是居高官者深思。对当官掌权者，尤其是居高官、掌大权的来说，要求居高而不能"头晕"，是一个十分贴切而又耐人寻味的比喻。头晕，则智昏；智昏，则误断；误断，则误事；误事，则必误国、误民。其害大也！而要能够做到居高而不"头晕"，极其重要的一条则是：逆耳之言常听，阿谀奉承多忌。另外，不妨试"饮"一有效的清凉剂，就是常自问一句：我是谁！

新一年：学习点亮人生

南振中《学习点亮人生》

新华社原总编辑南振中先生，是新闻界德高望重的老前辈，1964 年大学毕业到新华社工作，一直到退休，从普通记者一直干到正部级的高级领导。他是全国优秀新闻工作者，也是首届"范长江新闻奖"获得者。

南先生的故乡灵宝，与我老家陕州紧邻。我在地方工作时，他回家探亲，我曾多次接待过这位"家乡的骄傲"。后来到北京，我在一家报社工作，也算是新闻同行，曾经拜访请教过南先生，受到先生颇多指点。

和南先生接触，我总想起毛主席在《纪念白求恩》中说的话："一个高尚的人，一个纯粹的人，一个有道德的人，一个脱离了低级趣味的人，一个有益于人民的人。"他像白求恩一样，对工作极端负责任，对同志极端热忱。凡是和他打过交道的人，都会对他肃然起敬。

他送我的这本《学习点亮人生》，是他从领导岗位退下来后，对学习与人生的系统思考与总结，也可以说是一部有关"学习学"的科学论著。其中许多篇章，由专题讲座不断深化提炼而成，具有极强的针对性和时代性。还有许多篇章是结合自己的人生经历与感悟提炼而来，有独家秘籍之奇妙。

书中论述了学习的动力与乐趣、"忙人"的学习时间支配、如何在学习中寻找启发、如何把学习规划与人生规划相结合等问题，作者特别强调"既读有字的书，又读无字天书"，既要学以致用，又要学以备用。书中那一段"置之死地而后学"的经历描述非常有趣，也非常有哲理。

作者是活到老、学到老的典范，他这么高的成就、这么高的年龄，还在孜孜不倦地学习，并把自己一生的学习经验分享给大家，身教言教合为一体。

今天是 2023 年第一天，我在此向南老致敬！愿我们也以南老为榜样，以这本书为指导，用学习点亮人生！

时代变迁的一个缩影

王梦奎《王梦奎学术自传》

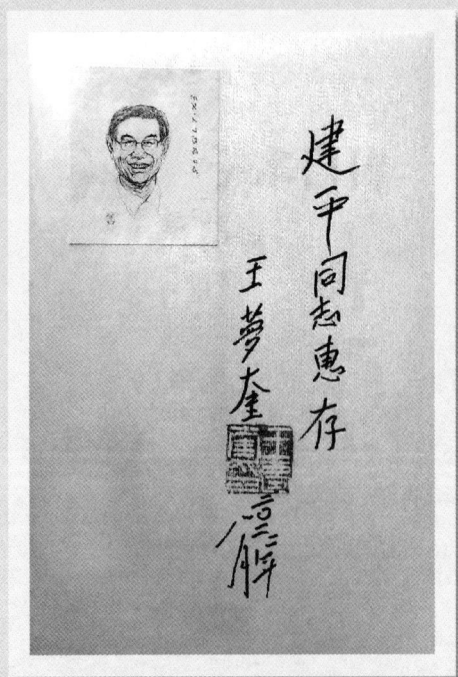

王梦奎先生是我们河南老乡中德高望重的前辈，也是我敬仰的经济学专家、文章大家。我曾经读过他写的《怎样写文章》，从中受益，慢慢提高了写作水平。

　　他的经济学著作、经济问题讲座，曾经是国内最权威的学术观点，也被许多外媒认为是官方声音。读他的书，听他的讲座，一个时期曾经是经济工作者和企业家争先恐后的事情。

　　他长期在中央、国务院研究机构担任重要职务，特殊身份，特有水平，使他亲身参与了经济改革进程中许多重大问题的研究、许多重要政策的制定，主持起草了许多重要文件、重要报告和领导人讲话。可以说他是改革开放和经济起飞伟大历程的见证者、亲历者和参与者。

　　他的《王梦奎学术自传》，最大的特点就是把个人的学术研究经历和国家经济改革进程紧密结合，许多现实问题、改革对策、政策推进、社会效果，都可以从书中看到理论逻辑和历史细节。其中，他主持"中美经济学家讨论会"、主持起草《中美贸易白皮书》、参与苏联和东欧国家局势研究组、发起组织中国发展论坛、主持中日经济知识交流会、起草总理的政府工作报告等过程的记叙，使我们知道了许多复杂重大问题的来龙去脉，也使我们看到许多丰富的历史细节。

　　当然，学术自传更多反映的还是作者自己的学术探索和学术贡献。作者在"生产专业化和规模经济""企业领导制度改革""社会再生产理论""价格改革""所有制问题""经济发展战略构想"等研究领域，都有价值独到的观点和新的开拓。尤其是"国情总体论和社会主义过程论"，是作者对建设有中国特色社会主义和社会主义初级阶段经济问题的系统研究，具有特殊理论价值。

书中写到他在全国人大参与《物权法》起草讨论时的一段话，我认为今天看，仍具有特殊意义：

> 对于基本经济制度和市场经济体制，在全国有广泛的共识。也有不同的声音：一种偏差是，对现阶段发展私有经济、建立社会主义市场经济的积极作用和重大意义认识不足，片面强调它的负面影响，这种偏差会导致对经济改革的否定；另一种偏差是，对坚持公有制为主体、国有经济为主导的积极作用和重大意义认识不足，看不到私有经济发展和市场竞争带来的问题，而对国有经济存在的问题又缺乏具体的历史分析，这种偏差会导致对社会主义方向的否定。要防止这两种偏差。没有至善至美、纯利无弊的制度，只有每个历史时期可行、能够最大限度地趋利避害的制度。

这是一本宏大叙事和个人经历、学术理论和政策制定融合一起的著作，知识含量、学术深度、情感浓度都很高，正如作者的序言所说："这些回顾性质的文字，能够从一个侧面，反映时代变迁的一个缩影，为这个社会大变革时代的集体记忆提供若干细节，为当今和未来的深入研究者提供某些可供参考的材料。"

都不省心

冯小刚 《不省心》

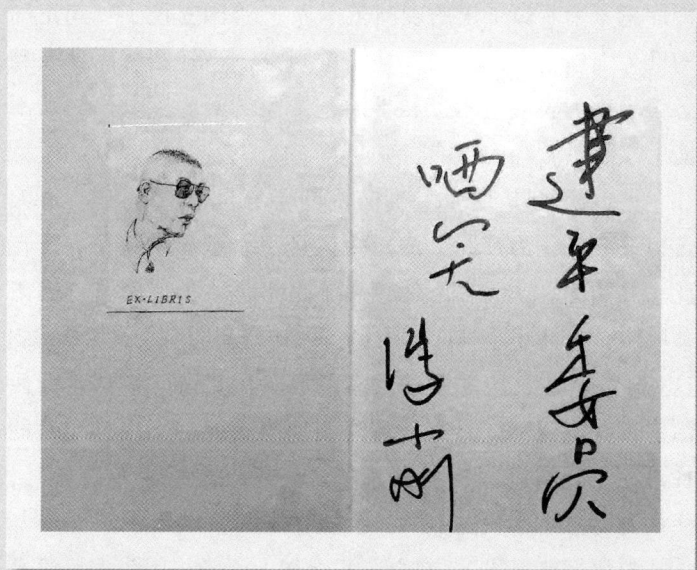

冯小刚这本书的名字叫《不省心》，但读起来却非常"省心"，漫无边际地神侃，犹如在北京坐出租车，你闭上眼睛，只管听司机天南海北一通神侃，逗得你一乐一乐！

他写周星驰："一次，我和周星驰邂逅，相谈甚欢。谈起合作，一旁的人说：'你们两个人是实力派的合作。'星爷立刻指着我纠正道：'他才是实力派，我是偶像派。'他说：'说谁是实力派就等于说谁长得不好看。我不要实力派。'"

他写舒淇："概括评价三随三知：随和、随性、随俗；知情、知理、知趣。英文简单，一个词可以涵盖：耐斯。"

他写葛大爷："《大腕》拍完后，《纽约时报》采访葛优，葛优一再谢绝，还说：'咳，我到海外发展什么呀？我连英语都不会说，我把中国的观众伺候好了就成了。'"

他写张国立："举重若轻是一句好评，但是也害了不少被评论家牵着鼻子走的表演艺术家。""国立说了一句正确的话，表演就应该是准确。该重则重，当轻则轻。拿来和各位想成为表演艺术家和导演艺术家的野心家分享，断不能上了举重若轻的当。"

他也谈父母、妻女、朋友，更不忘自嘲："常遇热心人苦口婆心劝我治疗脸上的白癜风且免费献出祖传秘方，在此一并叩谢。这病在下就惠存了。不是不识好歹，皆因诸事顺遂，仅此小小报应、添堵，远比身患重疾要了小命强。这是平衡。也让厌恶我的人有的放矢出口恶气。再者即便治愈，我也变不成吕布、黄晓明，顶多就一不用打底色的杜月笙。我没有同疾病做斗争，我表现得很乖俯首帖耳，疾病觉得再折磨我也不牛B了就收队撤了。"

再比如这一段："在夏天我会想上天堂，因为那里没有

288

蚊子还凉爽；在冬天我会想下地狱，因为印象里那里永远火光熊熊，暖和。传说中地狱里所有的酷刑看上去都是对人肉体的惩罚，人死了有没有灵魂我不知道，但可以肯定的是肉体是带不走的。没有肉体的灵魂下了地狱，下油锅等等所有刑罚都是虚设了。"

这是一本杂感集，他把自己日常的所思所感，随手写就，没有宏大结构，没有主题主线，大多是扯闲篇，但"不正经"的文字中藏有正经东西，痞子贫嘴的幽默中也偶尔冒出一些真知灼见。

语言是一贯的"冯氏幽默"，偶尔也爆粗口。譬之小零食，就是那种怪味豆，填不饱肚子，不顶饥，但有味道，过嘴瘾。

敦煌的少女

常沙娜《黄沙与蓝天》

杨建平 同志 惠存

常沙娜

2023年二月十二日

常沙娜在香港志莲净苑的敦煌壁画中

我的家乡三门峡，1957 年开工修建"万里黄河第一坝"：三门峡水利枢纽工程。那时库区淹没区的移民地点就是敦煌。

我最早知道敦煌，是移民，是黄沙漫漫、背井离乡。根本不知道有莫高窟。

1978 年考上大学后，我的老师叶鹏讲美学课，讲到敦煌，讲到莫高窟，讲到飞天，还讲到敦煌守护神常书鸿的个人贡献和悲欢离合。

我对敦煌的认识由"黄沙漫漫"变为"艺术圣殿"，心向往之。

对那个伴随父亲常书鸿坚守敦煌的小女儿，充满好奇和牵挂。

课下，我曾经追问叶老师："常书鸿那个女儿后来干什么？在哪里？"叶老师说："我也不知道。"

三十多年后，叶鹏老师的女儿回答了我这个问题，她是中央工艺美院毕业，她知道常书鸿的女儿常沙娜就是他们的老院长。

由叶老师女儿的帮助，我得到了常沙娜先生签名给我的回忆录《黄沙与蓝天》。那份惦念，有了着落。

八十多年的人生经历，在常先生的笔下娓娓道来，儿时在法国的天真浪漫、回国途中的颠沛流离、敦煌的艰苦磨炼、美国的打工学习……犹如一幕幕画卷在读者眼前展开。尤其是 1945 年家庭变故后，十四岁的她坚守敦煌，独自料理家务、养育弟弟，坚持到莫高窟临摹壁画，打下扎实美术功底。在艰难困苦中的坚韧、豁达、成熟，读之令人落泪。

在美国留学，闻讯新中国成立，她毅然中断学业，踏

291

上回国的旅途。

从美国回来后，在清华大学跟随梁思成、林徽因做助教，并从此转行专门从事工艺美术设计和教育。

在那火红的年代，常先生曾经参与人民大会堂等北京十大建筑的图案设计，其中人民大会堂宴会厅的天顶装饰图案就是她的手笔，民族文化宫大门的装饰图案也是她的作品，北京展览馆电影厅的拱顶装饰、首都剧场大厅天顶石膏花纹等都有她的参与和贡献。

常先生一生从事工艺美术设计和教育，曾经担任中央工艺美术学院院长十五年，作品无数，著作等身，桃李满天下。

香港特区紫荆广场的金紫荆雕塑，是常先生最后主持的设计作品。她说，这是中央工艺美院为国家做出的最好贡献，也是我十五年中央工艺美院院长任职的最后努力，无憾人生了！

生在法国，长在敦煌，学在美国，工作在新中国，成名于新时代。常先生一生传奇，故事多多，书中的许多故事、许多细节，闻所未闻，书中许多图片、许多插图，首次披露，弥足珍贵。

这是一本值得反复阅读、品味的好书，常先生是值得敬仰、学习的先辈。

青霞依旧

林青霞《镜前镜后》

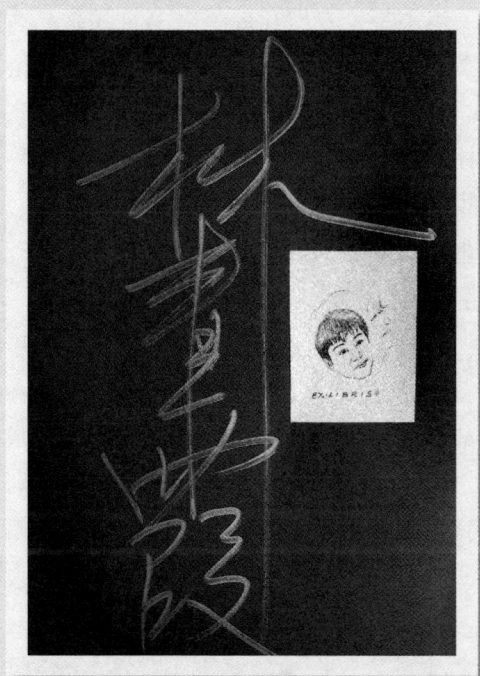

台湾的电影女明星，我最喜欢林青霞。

一是先入为主，青春懵懂。两岸开放后我最先看到的台湾电影就是《窗外》，年轻的我被琼瑶笔下那个师生恋感动得稀里哗啦。那个女孩子也成了我们那一代人的梦中情人。

二是觉得林青霞的美既有女性的柔美，又有男性的俊朗，耐看。尤其是她女扮男装时，那股劲儿，男女通吃。

如今，青霞已老我亦老，她无春色，我亦无梦。她不演电影了，我也很少看电影。

朋友知道我在收藏名家名著作者签名书，送我一本林青霞签名的《镜前镜后》，我笑纳之后便束之高阁。以为也是赵本山说的那种"明星出书，一塌糊涂"。

后来书房新增一组书柜，专门存放签名书。我拿起这本《镜前镜后》翻阅，看如何分类，不料竟站在那儿读得爱不释手。

林青霞用一种朴素而灵动的文笔，活灵活现地述说着自己与朋友的各种故事。

相比故事的有趣、有料，人物速写式的刻画更精彩、更引人，也更见文字功力。

《男版林青霞》里的造型师张叔平，《闺密》里无敌超级女金刚施南生，《知音》里的女版徐志摩金圣华，《江青总是在笑》里一身故事的舞者江青，《不是张迷》里把张爱玲研究到骨子里的黄心村，《平凡的不凡》里把面包做到极致的吴春宝，《高跟鞋与平底鞋》里早年红极一时、晚年悲惨潦倒的李菁，《九零后的年轻汉子》里狂放不羁的老顽童黄永玉，《赚到》里性格刚烈、文笔仁慈的红牌记者高爱伦……这些遥远而陌生的人，在她的笔下不仅活灵活现，而且还能让你觉得近在眼前般亲近、自然、温暖。她的角度、写法，极具个性，了无用心用劲的痕迹，似是随意涂鸦，收放自如。

回想她在银幕上扮演角色的传神，对照她在书中描写人物的精准，她似乎天生有捕捉人物神态、神韵的"神功"，非学所能！

看罢《镜前镜后》，始知换个赛道，青霞依旧风采迷人。

在天空里读懂人生

张博《带着梦想去飞行》

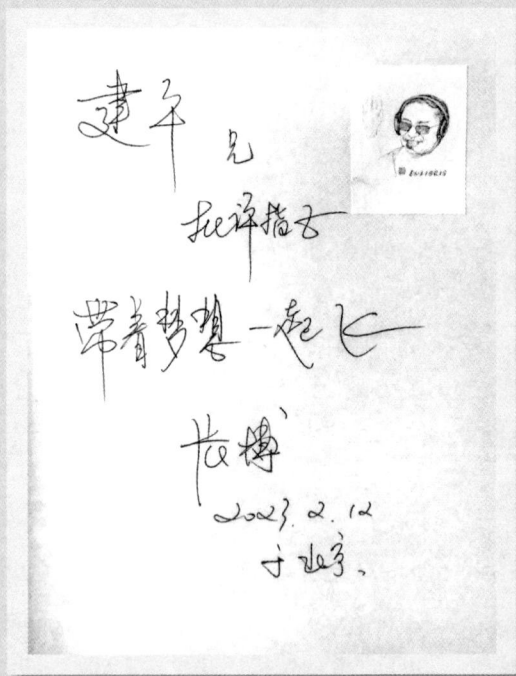

建平 兄

批评指正

带着梦想一起飞

张博

2023. 2. 12
于山东

张博，是个传奇人物。他是博士，是企业家，更是环球飞行的第一个中国人。尤其是他还两次环绕地球飞行。

　　认识张博，是个偶遇。他本来是送书给我一位朋友，恰巧我在现场，于是，被我趁火打劫了三本书，还逼着他现场签名。

　　听张博说："儿时，每当看到天空有飞机掠过，总是梦想，有一天自己也能驾驶飞机翱翔在蓝天之中。"我一脸的羡慕。

　　听我说："儿时看天上的飞机，边走边看，不小心失足跌落在一个堆放草料的草窖里，摔得七魂出窍。"众人大笑不止。

　　与张博相识，使我看到别样的人生。

　　张博的书，为我打开了认识世界的新窗户，他在书中说："飞行让我换了一个角度观察世界。"

　　书中展现的一组冷峻的数字使我惊讶不已：世界上成功登顶珠穆朗玛峰的人次高达5000，进入太空的人次也超过500，而历史记载的环地球飞行却仅有300多次。

　　这300多次就有张博两次，可见张博是"牛人"中的"牛人"！

　　张博第一次环球飞行，是在2016年，他已年过五十。学飞机驾驶，考驾照，极其艰难。购买私人飞机，训练准备，搭建团队，既烧钱又烦琐难耐。申请飞行路线，办理各国的飞行审批手续，几经曲折。

　　2016年8月7日13时，张博单独驾驶TBM700单引擎涡轮螺旋桨飞机，从北京首都国际机场出发，从西向东飞行，经停俄罗斯、美国、加拿大、英国、哈萨克斯坦等23个国家，历时49天，飞行40818公里，于9月24日15时

30 分，飞回北京首都国际机场。

由此，他成为中国环球飞行第一人。他把那面伴随他环球飞行、曾经飘扬在 23 个国家的五星红旗，赠给他成长的母校——西北师范大学附属中学。

张博把自己环球飞行的起起落落，天上地下经历的几多惊喜、几多惊险、几次与"机毁人亡"擦肩而过的经历，汇编成册，一本精美的图册《从北京到北京——中国首次环球飞行纪实》，一本简洁的青年读本《带着梦想去飞行》，风行一时。

张博名满天下，天"上"谁人不识君。但张博却很淡定，他又出人意料地开始了第二次环球飞行。2019 年 4 月 2 日，张博从美国芝加哥路易斯机场出发，驾驶他的钻石 DA742 活塞式双螺旋桨飞机，环绕地球一周，6 月 9 日又回到芝加哥。其间飞过加拿大、格陵兰岛、冰岛、挪威、瑞典、德国、捷克、奥地利、斯洛伐克、匈牙利、罗马尼亚、塞尔维亚、保加利亚、希腊、俄罗斯、土耳其、格鲁吉亚、阿塞拜疆、哈萨克斯坦、中国，55 次起降，总航程 4.1 万公里。

第二次环球飞行后，他把这 68 天的飞行日记，整理出版，名字叫《环球扶摇九万里》。这本书，写得更细腻、更深刻、更励志、更有趣味。

三本书，有图有真相，读起来荡气回肠，使年过花甲的我也总想聊发一次少年狂。

印在我脑海里的有三句话：

人生，是用来突破的。

人生的可能性，亦如天空一样没有尽头。

在天空里读懂人生。

笨花的乡土与沧桑

铁凝《笨花》

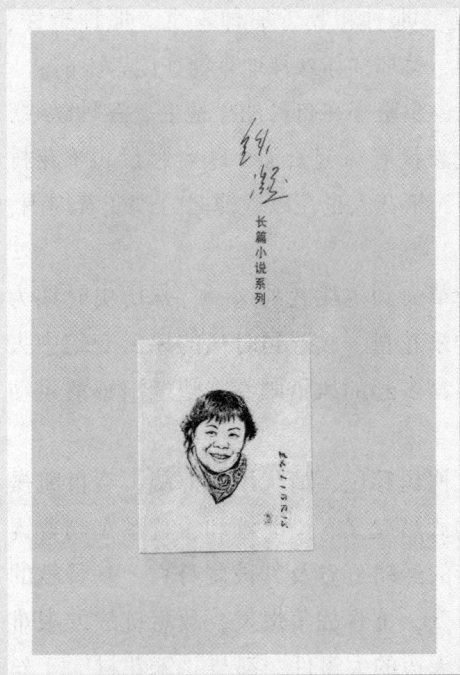

笨花，就是本土品种的棉花，相对于"洋棉花"，它就叫"笨花"。这是保定一带人的说法。

笨花，是一个村名。它坐落在冀中平原一个叫"兆州"的乡下。因为村子里大面积种植棉花而得名。

《笨花》是铁凝的一部长篇小说。也可以说是一部鲜活的"笨花村的村落史"。

我是一边在手机上听，一边拿着书看，读完这本小说的。

比起铁凝早期作品的才气、灵气，这部书给人更多的是大气、沧桑和厚重。

从叙事风格、语言节奏到情节推进、人物塑造，都浑然天成，似乎就是原生态的生活呈现，看不到作者匠心独具或才情挥洒的痕迹。那种粗粝、那种笨重、那种野性、那种残酷、那种悲凉，就那样赤裸裸地奔涌在读者眼前。

笨花村里的老老少少坚守在自己的土地上，春种秋收，生老病死，又被时代裹挟着风起云涌、跌宕起伏。笨花村随着时代在颠簸动荡，笨花人也在以微薄之力改变着周围、影响着时代。

作者选取从辛亥革命到抗战胜利这一特殊历史时期为背景，把冀中平原的笨花村，放置到时代的风云变幻中去精雕细刻，绘制出丰富多彩的风俗画卷，塑造出鲜活生动的人物群像。

明代朱元璋的大槐树移民，清代甲午海战、袁世凯操练新军、辛亥革命的武昌起义、南北议和，直系军阀曹锟的贿选总统，孙传芳的经略五省及其被刺身亡，基督教的传入中国，卢沟桥事变，抗日战争爆发，敌后抗战的艰难困苦，这些似乎远在天边的大事件，都与"笨花村"千丝万缕地联系着，笨花人也在这些时代变迁的风云中演绎着自己的命运，绽放着自己的生命，折射出民族大义。

相比书中的主要人物向喜、向桂、向文成、取灯，我更喜欢"瞎话""二片""走动儿""奔儿楼""大花瓣""小袄子""二丫头""麻鸭子""小妮子""糖担儿"……这些连个正经名字也没有的小人物，他们宛如历史的烟尘，但他们各个都有鲜活的形象和跌宕的命运，他们才是历史的基石。

有名言说：一滴水可以映射出太阳的光辉。

笨花村的人和事，犹如《红楼梦》贾府的人和事，读着《笨花》，可以看到时代的风云变幻、命运的波谲云诡、人情的朴素温暖、文化的海纳百川。

EX·LIBRIS

马爷侃唐诗

马未都《马未都讲透唐诗》

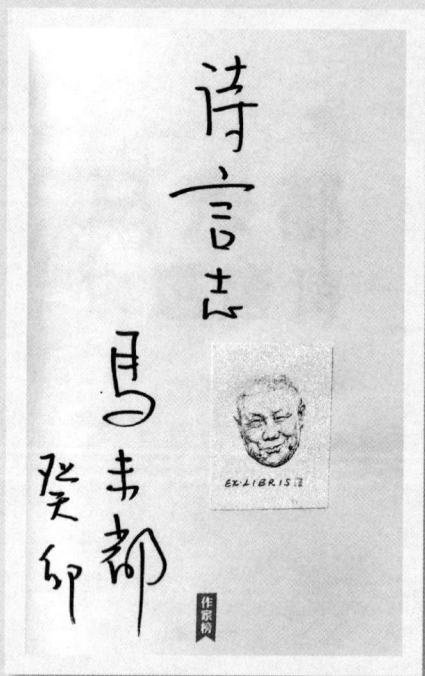

诗言志

马未都

癸卯

唐诗，是我国文学艺术皇冠上的明珠，虽历经千载，仍常读常新。唐诗的丰富多彩、博大精深，引得无数专家穷经皓首，终生研究解读。

专家的各种选本、各种解读，林林总总，各出机杼，我买了不少，读了不少，真是：横看成岭侧成峰，各家解读都不同。

以文学起家、以收藏成名的马未都，最近出版了自己的《马未都讲透唐诗》一套三册。虽然所选唐诗都是我读了不知道多少遍的，但马爷的解读趣味横生，立足点、观察点、知识点、生发点，都透着新鲜。

马未都讲唐诗，最大的特点就是一个字："侃!"

首先，他是把唐诗放在当时历史大背景下，结合作者身世命运，用讲故事的方式讲述唐诗的精髓。

其次，他又把读者欣赏角度的审美愉悦和诗人创作角度的艺术手法融为一体，用亦庄亦谐、夹叙夹议的方式，教人鉴赏唐诗。

再者，他用自己特有的侃侃而谈的文风，打破了专家的居高临下、拘谨刻板的"某些定论"，令人轻松阅读、受到启发。

最后，本书以马爷自己特有的眼光选配与唐诗相关联的字画、文玩收藏物品，增添了"文图并茂"的个性色彩。比如，解读李隆基的诗歌时，所配的李隆基书法《鹡鸰颂》，就是恰当又稀缺的资料；讲解李颀《古从军行》时，就用自己收藏的"錾花柿蒂纹龙足金鐎斗"配图，使人对"刁斗"这种随军装备"一目了然"。

周总理的家事家风

周秉德《我的伯父伯母
周恩来、邓颖超》

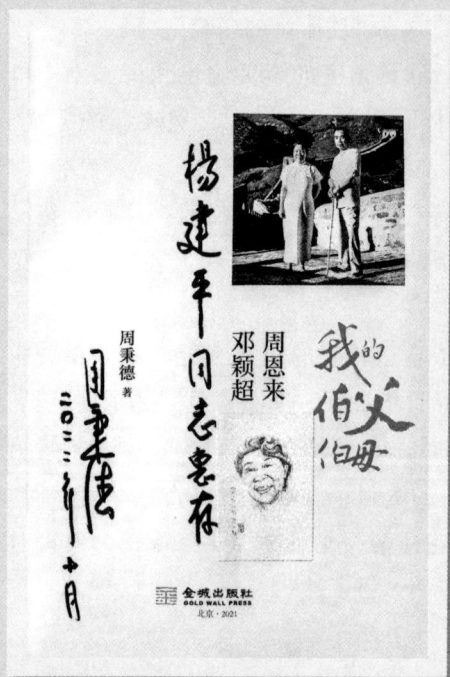

新中国开国一代领袖，各个风采卓然不群。

尤以周恩来光彩照人，是国际公认的政治家、外交家、美男子。

他的人格魅力，能让他的敌人也对他肃然起敬。

他的气质风度，能让男女老少都尊其为楷模。

他全心全意为人民、鞠躬尽瘁死而后已的精神，感天动地，永垂不朽！

当年周总理去世时，我还在上中学，诗人柯岩的那首长诗《周总理你在哪里》，混合着泪水，镌刻在我的心底。只要看到周总理的图像或者文字，我脑海里立马蹦出《周总理你在哪里》这首诗。

周恩来总理一生无子无女，周秉德大姐，是周恩来的长侄女，从十二岁起，就一直生活在周恩来身边，几乎就是亲闺女一样。

有关周恩来的各类书籍很多，我也读了不少。周秉德大姐的这本《我的伯父伯母周恩来、邓颖超》，是她在阅尽人间冷暖的晚年，对伯父伯母的追忆。

这本书区别于许多专家写的周恩来传记，也有别于周秉德大姐自己以往的著述。

书中以周总理为主线，串联起周总理苦难的童年和复杂的家族，有许多鲜为人知的细节和图片。作者以细腻的笔触，以亲身所见所闻，描写周总理、邓颖超的日常生活，展现周总理独特的夫妻之情、父子之情、兄弟之情，字里行间充满着亲情的温暖和做人的风范。

书中有周总理在众人面前亲自给邓颖超胸前插花的照片；有周总理戴着围裙亲自下厨为其六叔做菜祝寿的细节：一道是绍兴梅干菜烧肉，一道是淮扬清炖狮子头；书中有台湾李敖对周总理为父亲所撰讣告的评论"一点都不革命党";书中还有周秉德自己跑到毛主席家吃饭,还拿着本子让毛主席给她题字等有趣小故事。书中还披露了周家的治家格言:孔子儿孙不知骂,曾子儿孙不知怒,周家儿孙不知求。

书中不少地方读来令人落泪:

周总理的父亲为人忠厚,不善言辞,当过小职员,当过学校门房,收入微薄,难以养家,周总理母亲去世,无钱办丧事,一直拖了二十年,才攒够丧葬费,使夫人安葬入土。

如此胆小老实的父亲,1927年四一二反革命政变,得知自己大儿子在上海闹革命面临杀头风险时,却悄悄潜入上海,一直陪着自己的大儿子,还做了一些秘密交通联络工作,直到儿子离开上海到武汉。

1931年2月,顾顺章、向忠发相继叛变革命,周总理又面临危险,他的老父亲又一次悄悄跑来上海,尽力掩护儿子。

新中国成立后,周总理家乡淮安县委来人,说他们老家的房子太破旧了,再不修就要倒塌。

周总理告诉他们:"院子里的住户不需搬迁,我们的房子尤其是我出生和住过的房子,要塌就让它塌掉,塌平了最好,不得翻盖维修,更不允许搞什么纪念馆组织群众参观。我平生最不赞成的就是封建主义那一套:衣锦还乡,光宗耀祖。只要我活着,就不许搞。"

不仅如此,连自己的长辈、弟弟要回去看看故居,也被周总理劝阻:"你想想,如果你回去,县委能不派人接待你、陪同你吗?明摆着要给地方同志添负担、添麻烦的事,你又何必去做呢？"

周秉德的父亲在内务部工作，因病无法上班。周总理就亲自交代部长曾山给弟弟提前办退休手续，曾山拖延了一段时间，周总理就批评督促尽快办。弟弟退休，工资少，生活困难，周总理就把弟弟的三个孩子接到自己家里养育。

周总理幼年丧母，他的八婶子早年曾经照顾他们兄弟。周总理除了接八婶子来北京住一段时间，还明确告诉淮安县政府：八婶的生活今后由我来照顾，县政府不要再管了。他一直用自己的工资为八婶子养老送终。

周总理身边工作人员记录：周总理工资 400.80 元，邓颖超工资 347.50 元，从 1958 年起到周总理去世的 1976 年，工资累计收入不足十七万元，而他们夫妇拿出四万多元补助亲友和身边工作人员，占了他们收入的四分之一。

书中还披露了周总理、邓颖超三个干女儿的悲惨身世：一个是叶挺将军的女儿叶杨梅，小小年纪就与父母乘飞机时遇难；一个是周总理南开同学谌志笃的女儿谌曼里，在延安时下大雨，窑洞塌垮，被砸死在里面；一个是孙维世，"文化大革命"时猝死于监狱。邓颖超伤感地说："凡是做了我们干女儿的人，都是苦命的呀！"

作者还在书中详细记载了周总理几次召开家庭会议的过程和内容，并附有周总理痛说家史、痛批封建和要求家族子弟过"五关"的讲话记录。

伟大与平凡，国事与家事，欢笑与泪水，无尽的思念，都在书中游荡。

没有读懂的《活着》

余华《活着》

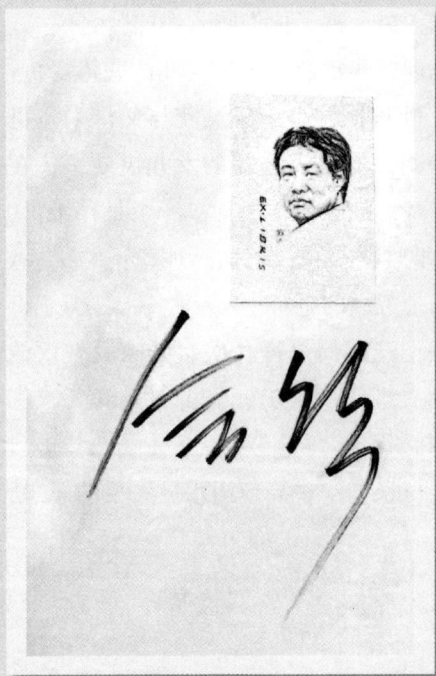

余华的《活着》，最初是在《收获》杂志上看到的，没有读完就放弃了。一是没有读懂，二是不太喜欢这种写作风格，三是作者也没有名气。

后来，张艺谋把《活着》拍成电影，还在国际上得了奖，国内又禁止上映。媒体一炒作，才知道当年没有读懂、读完的《活着》，竟然如此厉害，深感自己"有眼不识金镶玉"。

先托人找来录像带，看了张艺谋的电影《活着》，一看，竟然入迷得反复看，还不断向别人推荐。

再对照电影，重读余华的小说《活着》，我才真正读懂了余华、理解了《活着》，忽然发现我的生活中、我的身边人，都有许多《活着》的影子。

按照余华序言说的，找来美国民歌《老黑奴》一遍一遍地听。

我流泪了。

一个厨子的传奇

王安忆《一把刀，千个字》

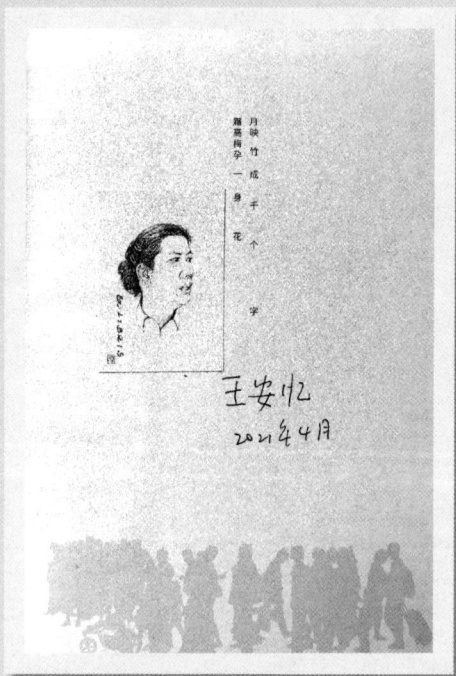

王安忆的小说，是味道纯正的中国风，靠人物塑造、生活开掘、文学表达去感染读者、启迪读者，不搞那些怪异的"花活儿"吸引眼球。

她的茅盾文学奖作品《长恨歌》，小说、电影、电视剧，我都看过，我都喜欢。

《一把刀，千个字》，是她又一部长篇小说。

这篇小说，与她以往的作品既一脉相承，又有突破创新。

一脉相承的是：写的都是时代变迁中小人物的命运波折、生活波澜。有突破的是：时间跨度、空间跨度、命运起伏，更壮阔、更沉重。

我很佩服王安忆的文学创造能力和文字驾驭能力。写大时代的世事沧桑举重若轻，写小人物的命运多舛丝丝入扣，作品里的苍凉、悲酸中总有温情脉脉的笔触轻轻叩击人心，让你热爱人生、热爱生活。

《一把刀，千个字》，写的是一个厨子的故事。一把刀，就是扬州三把刀的第一刀：菜刀。

主人翁陈诚，凭借淮扬菜的手艺，到美国法拉盛闯荡江湖，日子过得风生水起，有滋有味。

陈诚自小是跟着农村的舅公，走村串乡为农村办喜事、办丧事，造厨做饭，练出的手艺。又在嬢嬢的介绍下，拜淮扬菜大师胡松源嫡传弟子单先生为师，学成绝活。

作者把一个厨子的传奇写得九曲回肠，又活色生香。串联起东北、苏北、上海、香港、台湾、纽约，跨越民国、新中国、改革开放、新时代。各种生活画卷，徐徐打开，各种人物陆续登场，时代风云的变换、人物命运的跌宕，都蕴含在琐碎的日常、饮食、男女中。

我怀疑王安忆可能也是个高级"吃货"。书中关于吃的各种故事人物、各种场景氛围、各种知识技艺的描写，让人直流口水。淮扬菜如何形成？为何形成？淮扬菜的特点、精髓，每一道菜的取材、制作、品尝，写得精准、详尽。

书中有许多关于吃的精彩篇章：

记忆不在大脑，而是舌头。多少人离家乡几十年，口音不改，什么道理？舌头！吃遍山珍海味，最想吃的还是小时候的爱好，什么道理？还是舌头！

菜式是做出来的？错，是吃出来的！用时髦的话说，存在决定意识，还是意识决定存在，口味和美食，哪个先哪个后？

上等的厨子，首先要培养口味，也就是品！

凡是好厨子都有一性，馋。馋，其实是天赋，一条舌头，辨得出好坏，才可以做出好菜肴。

当然，小说最让人佩服的还是人物塑造。作者把上海人那种骨子里的精致、精明、讲究，写得恰到好处，也把上海那种市井气、烟火气写得有滋有味。书中有句类似禅语的精句，反复出现：上海是个滩。每一次出现都会给人不同的参悟。但这句禅语，的确容纳了上海人"广采博纳、融会贯通"的精气神！

我最喜欢作者描写陈诚姐姐和妻子的"斗法"。真是把上海女人之间那种"笑里都闪着刀光"的戏剧场面写绝了。其中"女人的天敌是女人""女人是世界上最不好惹的人种，聪明，尤其是聪明而不自知的那一类"，诸如此类的精彩，更是让人忍俊不禁。

特殊年代的文化遗存

李城外《话说向阳湖》

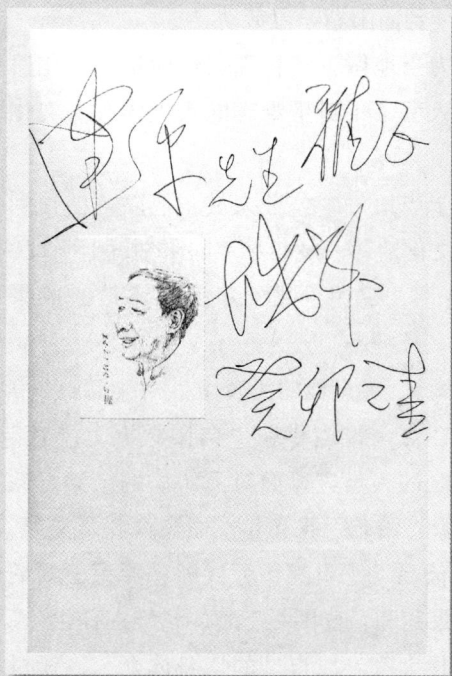

"五七干校"，是"十年文革"时期一个特殊的文化符号。

　　1968年5月7日，毛泽东主席发表了"各行各业都要办成一个大学校"，"学政治、学军事、学文化，又能从事农副业生产，又能办一些中小工厂，生产自己需要的若干产品和国家等价交换的产品"。

　　此后，全国各部门、各地方迅速办起各式各样的"五七干校"，把党政干部、科技人员、文化学者、大学老师等，集中下放到贫穷落后地区劳动改造。当时最响亮的口号是："滚一身泥巴，练一颗红心。"

　　文化部当时的"五七干校"设立在湖北咸宁向阳湖，一大批（据说有六千多人）文化官员，知名学者，著名作家、画家、书法家陆续到向阳湖学习劳动。

　　这一历史活动，为当地留下了特殊文化印记、文化遗存，也为这些文化名人留下了终生难忘的人生体验、文化思考。

　　李城外先生是咸宁当地一个公务人员，他以自己独到的价值判断、独有的文化情怀，坚持对"向阳湖五七干校"的历史进行研究、整理、挖掘，几十年痴心不改，成果丰硕。

　　这本《话说向阳湖》，就是他的代表作。

　　这本书是作者对一百余位当年在"向阳湖五七干校"待过的学员或者有关联的人员进行面对面访谈的结集。谢冰心、楼适夷、臧克家、萧乾、张光年、周巍峙、严文井、韦君宜、宋木文、周汝昌、王世襄、程代熙、舒芜、刘炳森、李平凡、林锴、张兆和、曹禺、王蒙、杨绛、任继愈、沈鹏等如雷贯耳的文化大家，以自己的切身体会，畅谈对

"五七干校"的反思和批判。

全书内容真实、生动、深刻、丰富，具有很高的史料价值、文化价值。每一个人物的鲜活形象、生动访谈，恰似一幅中国文化思想史的人物长卷，弥足珍贵。

展卷细读，五味杂陈。大师风采，跃然纸上。

土司家的傻儿子

阿来《尘埃落定》

年轻时读过徐怀中的小说《松耳石》，产生对藏族生活的神秘向往，还有对藏族姑娘的野性美的欣赏。后来又看了据此小说改编的电影《无情的情人》，觉得娜梅琴措的扮演者刘晓庆，把娜梅琴措的爱恨情仇演绎得生动感人，甚至还有一点"生猛吓人"的狂野。

后来，读阿来的《尘埃落定》，对藏族生活、土司制度的浪漫神秘感减少了，倒是生出许多人生无常、大地苍茫的慨叹。

一个庞大的家族，一个怪异智慧的人物，一项传承几百年的制度，都随着时代的进步烟消云散，它们似乎就像尘埃一样。

作者用土司家的傻儿子作为主人翁，又用傻儿子的第一人称口吻"半真半假半傻"地叙写土司与土司的争斗、土司与汉人的钩心斗角、白汉人与红汉人的战争、土司内部的明争暗斗、男人与女人的爱恨情仇、活佛与喇嘛信仰之争、洋人的基督教和本土的佛教的抗衡，为我们展现出那个特定时代丰富多彩的藏区生活，勾勒塑造出众多鲜活的人物形象。

小说叙事的风格也是半真半假半傻地笼罩着神秘和灵性，许多情节，许多语言，都有玄妙的哲理或人生启示。

这是一本充满特异性和丰富性的小说。

空留纸上带泪声

叶鹏《邙山秋风》

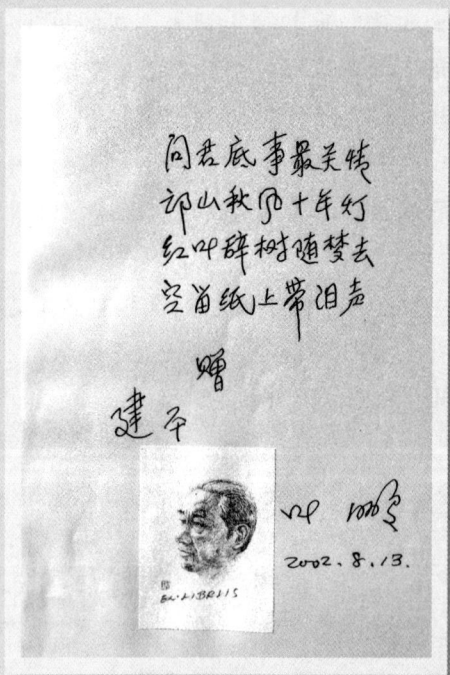

问君底事最关情
邙山秋风十年灯
红叶辞树随梦去
空留纸上带泪声

赠
建子

叶鹏
2002.8.13.

叶鹏老师是我最崇拜的老师，也是我最感恩的老师。

1978 年，我考上大学，从偏僻的农村第一次走进大城市、走进大学校园。叶鹏老师也刚好从"牛棚"解放进入大学教书。我们是他教的第一批大学生。

当时，他教我们写作课，初登讲台，我看他其貌不扬，穿着破旧衣服，跟我们村里的民办教师差不多。

谁知道一开口讲课，竟然妙语连珠，满室生辉，其学识、才气，把我们震撼得五体投地。

我心生感叹：从来没有见过这么好的老师！

后来，我们才知道，他早在复旦读书时就是拔尖的才子，在《复旦》《文史哲》《文汇报》《解放日报》发表《关于〈阿 Q 正传〉的一点辩证》《论阿 Q 正传》《论陶渊明》等十余篇文章，引起学界注目。

1957 年，他因不同意苏联专家的美学观点，被打成右派，发配到洛阳孟津县邙山上一个小学教四年级算数。"文化大革命"时，他呕心沥血写就的《鲁迅小说研究》《曹禺论》《朱自清论》等五十万字手稿，被造反派付之一炬。

他在孟津县，教完小学教初中，教完初中教高中，1978 年到洛阳师院教大学，最后又当了校长，并获得国家教育部"曾宪梓教育基金一等奖"。他被人戏称为"最完整的教师"。

叶老师曾经对我们说：

"在人生的航程中，老师发挥着启航、催发、定向的作用，教师温馨的叮咛往往决定一个人的人生奔赴。

"教师的幸福，在于他以自己无私的奉献，外化为教育对象的成才。正如素朴的白，运载五彩缤纷，却消隐自我，这是教师的色彩。

"三尺讲台是社会进步的原动力，现代文明从三尺讲台前出发。"

这本《邙山秋风》是叶老师写他从小学老师到大学教授乃至大学校长过程中的经历、故事、感想，书中有许多精辟论点、精彩故事，有对祖国的赤子之心、对教育的满腔热情，更有让人着迷的飞扬文采。

叶老师签名时，写了几句诗：

问君底事最关情，
邙山秋风十年灯。
红叶辞树随梦去，
空留纸上带泪声。

每次读到这几句诗，我都眼含热泪。
做他的学生，三生有幸，一生荣耀！

图书在版编目（CIP）数据

一书一票：藏书手记／杨建平著. -- 北京：中国
文史出版社，2024.10
　ISBN 978-7-5205-4378-1

　Ⅰ.①一… Ⅱ.①杨… Ⅲ.①藏书-文集 Ⅳ.
①G253-53

中国国家版本馆 CIP 数据核字（2023）第 190799 号

责任编辑：卢祥秋

出版发行：**中国文史出版社**
社　　址：北京市海淀区西八里庄路 69 号院　邮编：100142
电　　话：010-81136606　81136602　81136603（发行部）
传　　真：010-81136655
印　　装：北京科信印刷有限公司
经　　销：全国新华书店
开　　本：880×1230　1/32
印　　张：10.25　　字数：205 千字
版　　次：2024 年 10 月第 1 版
印　　次：2024 年 10 月第 1 次印刷
定　　价：62.00 元